Garbeck
BALVE
Sorpe-
talsperre
428
SUNDERN
(Sauerl.)
Calle
Bruchhsn
Assinghsn.
Dahle
Amecke
Stockum
Grevenstein
593
Remblinghsn.
Ramsbeck
745
732
Willi
(Upla
U E R L A N D
Allendorf
Affeln
Endorf
654
Langenberg
843
NEUENRADE
Meinkenbracht
656
Wenholthsn.
Reiste
Niedersfeld
Lenne
511
Die Homert
Western-
bödefeld
VERDOHL
Eiringhausen
Schomberg
Eslohe
(Sauerl.)
Rarbach
Bödefeld
Siedlinghsn.
Eveking
512
Rönkhausen
Dorlar
575
PLETTENBERG
584
Lenhausen
Fretter
Cobbenrode
Fredeburger
Die Hunau
818
Hüinghausen
Fredeburg
Herscheid
Oedingen
Land
Lettmecke
Finnentrop
Elspe
Bracht
Oberelspe
SCHMALLEN-
BERG
Oberkirchen
Neuastenberg
Züschen
757
Heggen
Lenne
Nordhelle
663
Ebbe
ATTENDORN
Bigge
Greven-
brück
LENNESTADT
688
Saalhauser Berge
Fleckenberg
Valbert
Neu-
Listernohl
Helden
Meggen
Girkhausen
816
515
Maumke
Saalhausen
Bilsteiner
Altenhundem
756
740
Bröms-
kirchen
698
Kirchveischede
308
Bilstein
Oberhundem
Bigge
554
Land
Kirchhundem
Rothaar
Lister
talsperre
Oberveischede
Albaum
Diedenshausen
Rhode
626
Wittgen-
Aue
671
BAD
BERLEBURG
Wegeringhsn.
Rahrbach
642
Welschen-
Ennest
Heinsberg
624
Raumland
Elsoff
Dodenau
Die ROTHAAR GEBIRGE
OLPE
Birkelbach
Arfeld
608
DROLSHAGEN
Littfeld
HILCHENBACH
673
Dotzlar
Beddelhsn.
HATZFELD (Eder)
552
Iseringhsn.
steiner
618
Krombach
Weidenhausen
350
Holzhsn
Gerlingen
Eichen
Dahlbruch
Lützel
Erndtebrück
680
Bärenkopf
Eder
638
Hespert
Wenden
KREUZTAL
674
Sackpfeife
Eifa
Wildberger-
Hünsborn
Sieger-
546
Ederkopf
649
Benfe
Feudingen
BAD
LAASPHE
Wallau
Dexbach
hütte
480
Ober-
holzklau
Busch-
hütten
Netphen
Obernau
talsperre
Volkholz
Land
BIEDENKOPF
592
Schl.
Crottorf
Geisweid
Dreis
371
Banfe
645
Breidenstein
Friesenhagen
Weidenau
Walpersdf
Lahnkopf
Lahn
Breidenbach
561
Eckelshsn.
Wilden-
FREUDENBERG
Deuz
Sieg
638
Buchenau
SIEGEN
Salchendorf
Fischelbach
sbach
380
Niederfischbach
Ober-
Dautphe
Lahn
Nieder-
schelden
Niederdielfen
dieten
Steffeberg
Hinter-
Dautphe-
Hainchen
527
Giebelwald
land
606
Haincher Höhe
Dietzhölztal
Nieder-
eisenhsn.
burgisches
Freusburg
Muders-
bach
Rudersdorf
Weidel-
Ewersbach
Angelburg
tal
Wilnsdorf
Dillbrecht
327
Land
Kirchen (Sieg)
Neun-
bach
Eibelshsn
Holzhsn.
Eschenburg

Farbildreise Bergisches Land
Pictorial Journey through the Bergisch Land
A travers le Bergisch Land

Farbbild-Reise
Bergisches Land

Text: Ferdy Fischer
Fotografie: Holger Klaes

Farbbild-Reise
BERGISCHES LAND

Gesungen haben wir schon alle dieses schöne Lied, ohne zu wissen, aus welcher Feder es stammt: „Kein schöner Land in dieser Zeit" hat Anton Wilhelm Florentin von Zuccalmaglio gedichtet, der 1803 in Waldbröl, im südlichen Teil des Bergischen Landes, geboren wurde. Ein Lied, das Zuccalmaglio unter dem Dichterpseudonym Wilhelm von Waldbröhl in Erinnerung an seine schöne Heimat geschrieben hat.
Gelernt habe ich, wo die Grenze zwischen den beiden Nachbarregionen verläuft. Das haben mir meine Kollegen noch in diesen Tagen beigebracht, daß nämlich die Grenze zwischen dem Sauerland und dem Bergischen Land die „Wupper-Ennepe-Mulde" sei, damit also auch die Grenze zwischen dem Rheinland und Westfalen.
Man stößt häufig auf diese Grenze, die auch die Grenze zwischen dem Herzogtum Berg und der Grafschaft Mark war und noch viel früher zwischen den Franken und Sachsen. Eine Grenze, die bis heute auch so mancher Nordrhein-Westfale nicht zu überspringen vermag, wo doch sehr viel europäischer, ja kontinentaler gedacht werden mußte!
Gewußt haben nur wenige Besucher des Bergischen Landes, woher der Name dieser Mittelgebirgslandschaft zwischen 200 und 450 m Höhe stammt, nämlich von den Herren von Berg, einem mächtigen Grafengeschlecht und späteren Herzögen.
Geschätzt hat auch Konrad Adenauer dieses Bergisches Land, in das er gern zum Essen – wahrscheinlich zur „Bergischen Kaffeetafel" – fuhr. Nun, von Röhndorf aus ein Katzensprung.
Gesammelt habe ich die Superlativen des Bergischen Landes, und da gibt's einige: Den „schnellsten eisernen Tausendfüßler", das ist die 13,3 km lange Strecke der Wuppertaler Schwebebahn von

Pictorial Journey through the
BERGISCH LAND

Virtually every German has sung this song without actually knowing who penned it: "Kein schöner Land in dieser Zeit!" was written by Anton Wilhelm Florentin von Zuccalmaglio, born 1803 in Waldbröl in the southern part of the Bergisch Land. A song which Zuccalmaglio wrote about his homeland using the pseudonym Wilhelm von Waldbrühl.
It is only recently that I learned where the exact borders of this region run, and that the border between the Sauerland and the Bergisch Land is the Wupper-Ennepe Basin, and thus also the border between Rhineland and Westphalia.
One often comes across this border, which was at one time also the border between the Duchy of Berg und the County of Mark. Even earlier it formed the border between the Franks and the Saxons. It is a border which even in these times of European and Continental thinking, some Nordrhein-Westphalians still don't like to cross!
The Bergisch Land, this highland landscape rising to between 200 and 400 metres, got its name from the von Bergs, a powerful family of earls and later dukes.
Konrad Adenauer was also very fond of the Bergisch Land and often came here to eat, probably the famous "Bergischen Kaffeetafel". It is, after all, just a stone's throw from his hometown of Röhndorf.
I have collected the most superlative views of the Bergisch Land and there are quite a few of those: The "fastest iron millipede", the 13.3 km long Wuppertal Suspension Railway from Vollwinkel to Oberarmen which can be travelled in a time of 35 minutes. That is with an average speed of 27 kmh, though the millipede can zoom along at 60...
The "tallest railway bridge", a bold steel arch over the River Wupper near Müngsten. This 500m long

A travers
LE BERGISCHE LAND

Nous avons déjà tous fredonné cette chanson sans pour autant connaître le nom de son auteur: «Il n'y a pas plus beau pays aujourd'hui», écrivit Anton Wilhelm Florentin von Zuccalmaglio, né à Waldröl, dans le Sud du Bergische Land. Zuccalmaglio composa cette chanson à la gloire de son beau pays sous le pseudonyme de Wilhelm von Waldbrühl.
J'ai appris récemment que la «cuvette Wupper-Ennepe» était la frontière entre le Sauerland et le Bergische Land, c'est-à-dire entre la Rhénanie et la Westphalie. On rencontre souvent cette frontière, qui autrefois séparait le duché de Berg au comté de la Marche et plus tôt encore, les Francs des Saxons. C'est une frontière que certains habitants de la Rhénanie du Nord-Westphalie ne franchissent pas volontiers, et cela à notre époque de la pensée européenne, continentale même!
La plupart des visiteurs du Bergische Land ignorent l'origine du nom de cette région de montagnes moyennes entre 200 et 450 mètres de hauteur. Il vient des seigneurs de Berg, comtes puissants, élevés plus tard au rang de ducs.
Le chancelier Konrad Adenauer, qui ne résidait pas très loin, aimait beaucoup le Bergische Land et ses auberges. Il appréciait sans doute la «Bergische Kaffeetafel», un goûter riche, spécialité de la contrée.
J'ai rassemblé tout ce qui est superlatif dans le Bergische Land; la liste est plutôt longue. Commençons par le plus rapide des «mille-pattes en fer»: le «Schwebebahn» de Wuppertal, célèbre chemin de fer électrique suspendu qui réunit Vohwinkel à Oberbarmen en 35 minutes sur un trajet de 13,3 km. Ce qui donne quand même une vitesse moyenne de 27km à l'heure!
Près de Müngsten, le «plus haut pont de chemin de fer» s'élance en un arc d'acier hardi au-dessus de la

Vohwinkel bis Oberbarmen, die immerhin in 35 Minuten durchfahren werden kann. Und das mit einer Durchschnittsgeschwindigkeit von 27 km/h.
Die „höchste Eisenbahnbrücke" Deutschlands zieht sich in einem kühnen stählernen Bogen bei Müngsten über die Wupper: In den Jahren 1894 bis 1897 verband sie in 107 Metern Höhe und auf einer Länge von 500 Metern die Städte Remscheid und Solingen.
Die „kürzeste Verbindung nach Rom" findet sich im Bergischen Land: Zwar gelangt man am Ende nicht auf die Engelsburg oder gar zum Petersdom, sondern in einsame Wälder und hübsche Bauerndörfer. Von Morsbach aus über Birken durch das Römertal fährt eine 11,5 km lange Rundwanderung nach Rom!
Ein Prunkstück der Bergischen Kaffeetafel ist die „Dröppelminna", eine Kaffekanne ausgeformt als rundliche Frau (Minna). Sie thront wahrhaftig auf breitgestellten Beinen, mit einem rundlichen Unterbau, die Henkel in die Seite gestemmt, bekrönt, verziert und mit duftendem Kaffee gefüllt, zwischen Waffeln und Rosinenstuten, Schwarzbrot, Quark, Apfel- und Birnenkraut und dem berühmten Milchreis mit Zimt und Zucker. Und weil es nun gelegentlich auch aus der Minna nachdröppelt, wenn der Hahn undicht oder nicht gut verschlossen ist, so heißt diese Dame auch „Dröppelminna"!
Und schließlich ist das Bergische Land das „steinreichste Land" Nordrhein-Westfalens, zu sehen auf einer Wanderung im südöstlichen Landesteil, schon nahe dem Siegerland, von Kirchen zum Druidenstein. Auf einer Grundfläche von 100 Quadratkilometern türmen sich wie zu sauberen Bündeln geschnürte Basaltsäulen, die sich nach oben zu einem Kegel verjüngen. Diese phantastische Formation entstand vor rund 60 Millionen Jahren im „Känozoikum". Das ist das Stückchen unserer Erdgeschichte, als unvorstellbare Naturereignisse unseren Planeten neugestalteten – die Erdneuzeit.
Was die Neandertaler auf ihren Jagdzügen ausriefen, blieb im Verborgenen des gleichnamigen Tales; aber ein Skelett fand man dort und in der Umgebung steinzeitliche Werkzeuge. Die Tenkterer, jene Vorfahren bergischer Einwohner, die noch dem Gott Wotan opferten, schrieen auf ihren Kriegszügen „Heia, Berge roemrike! – Heil, ihr ruhmreichen Berge!" Und fortan haben sie immer, wenn es etwas zu erstürmen gab, in diesen alten Kriegsruf eingestimmt.
Und nun geht die Geschichte des Bergischen Landes los: 1288 in der Schlacht bei Worringen, als der lange niederländisch-limburgische Streit ausgetragen wurde und Graf Adolf von Berg mit seinen bergischen Bauern, mit Mistgabeln, Hacken, Dreschflegeln, Beilen und Sensen bewaffnet, gegen den Erzbischof von Westerburg erfolgreich anstürmte. Seit dem 11. Jh. hatten die bergischen Herren begonnen, ihren Einfluß in dem Gebiet zwischen Ruhr und Sieg, Rhein und Wupper auszubreiten. Genauer: 1101 übertrug der deutsche Kaiser Heinrich IV. Adolf, dem Vogt der kölnischen Kirchengüter Deutz,

bridge, rising to a height of 107m was started in 1894 and took three years to complete. It connects the cities of Remscheid and Solingen.
The "shortest way to Rom(e)" is also to be found in the Bergisch Land. One does not actually end up on the Mount of Angels or at St. Peter's Basilica, but in the solitude of the woods and beautiful country villages. There is a ramblers' trail, 11.5 metres long, running from Morsbach over Birken, through the Römer Valley to Rom(e)!
A showpiece of the famed "Bergischen Kaffeetafel" is the "Dröppelminna". This "Dribbling Minna" is a coffee pot in the shape of a well-rounded lady (Minna). She perches regally on her powerful broadly-spanned legs, crowned, decorated and filled with aromatic coffee. She takes her place amongst the waffles, currant cakes, black bread, apple and pear jellies and the famous rice pudding with sugar and cinnamon. Because Minna sometimes drips from a leaky spout, or if her lid is not on tightly, this broad-hipped lady is called "Dribbling Minna"!
The Bergisch Land is the richest part of Nordrhein-Westphalia as far as rocks are concerned. When hiking through the southeast of the country, near Siegerland, you can see this clearly from the Druidenstein Church. Over an area of 100 square kilometres, basalt columns rise up like neatly tied bundles. This fantastic formation was created around 60 million years ago in the neocene period, a period of the earth's history when enormous natural occurrences totall re-formed our planet - the start of a new earth era. That's as far back as we'll be going though!
Whatever the hunting cry of the Neanderthals was will remain hidden forever in the valley of the same name. We do have some of their bones, though, and some stone-age artefacts found nearby. The Tenkterer, ancestors of today's Bergisch population, used to make sacrifices to Wotan and used the war-cry "Heja, Berge roemrike! – Hail, you glorious mountains!". This cry was henceforth used whenever there was something to be taken by storm.
And now to the history of the Bergisch Land. In 1288, during the conflict between the Netherlands and Limburg, Earl Adolf von Berg and his peasants, armed with pitch-forks, hoes, flails, axes and scythes, successfully attacked the Archbishop of Westerburg. The Bergisch rulers had begun to expand their sphere of influence in the area between the Ruhr and Sieg, Rhine and Wupper rivers since the 11th Century. To be more precise: in 1101, the german Kaiser Heinrich IV created Adolf, bailiff of the Cologne dioscesan estates of Deutz, Siegburg and Werden, Earl of Deutzgau.
The ancestral seat, Berg Castle near Altenburg on the River Dhünn, soon became too small and the family "moved" to the River Wupper and built a larger, more fortified, home on a rock plateau, today's Schloss Burg. This marked the rise in fortunes of the Earls von Berg.

Wupper. Construit entre 1894 et 1897, cette merveille précoce de la technique, longue de 500 mètres et suspendue à 107 mètres au-dessus du sol, était autrefois la jonction principale entre les villes de Remscheid et Solingen.

La «plus courte jonction vers Rome» se trouve dans le Bergische Land. Elle ne mène pas au mont des anges ou sur la place Saint-Pierre, mais vers des forêts solitaires et de jolis villages. De Morsbach en passant par Birken, à travers la vallée du Römertal, un circuit de 11,5 km mène à Rome!

La pièce maîtresse de la table du goûter régional (Bergische kaffeetafel) est la «Dröppelminna», une cafetière ayant la forme d'une femme rondelette, d'une «Minna». La première partie de son nom «Dröppel» signifie goutter, ce qui arrive parfois quand le bec est ébréché ou mal fermé. La cafetière trône sur des pieds larges, le ventre rebondi, l'anse solidement ancré sur le côté, remplie de café odorant, au milieu des gaufres, de la brioche aux raisins, du pain noir, du fromage blanc, de sortes de confitures appelées «Apfelkraut et Birnenkraut» et du délicieux riz au lait sucré parfumé à la cannelle.

Finalement, le Bergische Land abrite le coin le «plus riche en pierres» de la Rhénanie du Nord-Westphalie. On le trouvera au Sud-Est, près du Siegerland entre Kirchen et le rocher des Druides. Sur une surface de 100 km, de colonnes de basalte dont les bouts s'amincissent en quilles se groupent, tels des paquets bien enveloppés. Cette formation extraordinaire date du cénozoïque (environ 60 millions d'années). Elle raconte une page de l'histoire de notre planète, lorsque des forces naturelles incroyables la refaçonnèrent à l'ère tertiaire. Mais sautons à présent quelques millénaires.

Ce que les compagnons de l'homme du Neandertal clamaient quand ils partaient en chasse, est un secret enfoui dans la vallée qui porte le nom de notre célèbre ancêtre. On n'y a retrouvé que son squelette et quelques outils préhistoriques. Mais les Tenctères, ancêtres des habitants actuels, qui adoraient le dieu Wotan, avaient pour cris de guerre: «Heia, Berge roemrike!» (Je vous salue, montagnes pleines de gloire!).

Passons à l'histoire du Bergische Land: en 1288, à la bataille de Worringen qui termina le long conflit néerlandais-limbourgeois, le comte Adolf de Berg et ses paysans, armés de fourches, de faux, de haches et de fléaux, remportèrent la victoire contre l'archevêque de Westerburg. Dès le 11e siècle, les seigneurs de Berg étendirent leur influence sur le territoire entre la Ruhr et la Sieg, le Rhin et la Wupper. Plus précisément: en 1101, l'empereur allemand Henri IV éleva à la dignité de comte de la contrée de Deutz, Adolf qui était prévôt des domaines religieux colonais de Deutz, Siegburg et Werden. Burg Berg, la résidence du comte près d'Altenberg sur la Dhünne, devint bientôt trop petite. Une plus grande fut construite sur un plateau rocheux dominant la Wupper: le château Burg actuel. A partir de cette époque, les comtes de Berg

Siegburg und Werden, das Amt eines Grafen im Deutzgau. Der Stammsitz, die Burg Berg bei Altenberg an der Dhünn, wurde alsbald zu klein, man „verlegte" sie an die Wupper und baute auf einem Felsplateau einen größeren und festen Wohnsitz, das heutige Schloß Burg.

Nicht irgendein „Krösken" führte zum Traualtar im Hause Berg, sondern eine geschickte Heiratspolitik. Der Rest wurde auf den Kreuzzügen und mit der Kirche ausgehandelt: Fünf Bergische saßen jedenfalls im Kölner Dom auf dem erzbischöflichen Stuhl. So besaßen die Herren von Berg an der Wende vom 16. zum 17. Jh. ein Territorium, das ihnen eine Vormachtstellung und starken Einfluß auf die Reichs- und Kirchenpolitik in niederrheinisch-westfälischen Landen sicherte.

Soweit also die Erklärung zum „Bergischen Land". Und der Name der Herren, Grafen, Herzöge von Berg? In alten Urkunden nennen sie sich „de monte". Vielleicht ist „Berg" aber auch eine Verstümmelung des Namens Bructerer, eines germanischen Volksstammes, der im nördlichen Teil des Landes, an der Ruhr wohnte.

So weit, so gut. Wichtiger sind die Menschen heute. Zwischen Rheinland und Sauerland, Münsterland und Siegerland sind die Bergischen immer ein Stückchen des anderen. Sie schielen gern zu der rheinischen Heiterkeit und sind gleichzeitig mißtrauisch. Sie sind handfest und erledigen gern selbstsicher ihre Arbeit, ehe sie lange darüber diskutieren. Auf jeden Fall sind sie musisch veranlagt, die Menschen zwischen Ruhr und Sieg: Der Komponist der Märchenoper „Hänsel und Gretel", Engelbert Humperdinck, Else Lasker-Schüler, Maler wie die Röders oder Hans von Marees, und der ewig junge Zuccalmaglio sind hier geboren. Industrielle, Erfinder und Macher haben im Bergischen Land große Dinge durchgesetzt: Carl Duisberg, Carl Leverkus, Friedrich Bayer, Carl H.W. Tacke, Wilhelm Conrad Röntgen, Professor Ernst Ferdinand Sauerbruch, Dr. Hubert Tigges, um nur einige zu nennen.

Zwischen dem Ruhrgebiet einerseits und der Rheinschiene andererseits gelegen, ist das Bergische Land ein Begriff, der auch außerhalb der Region bekannt ist. Aus europäischem Blickwinkel bemüht sich das Städtedreieck Remscheid, Solingen und Wuppertal im Bergischen Land um ein internationales Profil. Die unübertroffene Lebensqualität im Grünen mit langer Tradition gilt es jetzt noch deutlicher zu machen. Den Menschen im Bergischen Land sind in der handelnden Phantasie keine Grenzen gesetzt, denn Fleiß und Tüftlergeist haben schon immer die Städte im Bergischen groß gemacht!

Mittelalterliche Märkte in malerischen Altstadtwinkeln oder Burgen, die an stillen Wassern träumen, ziehen zu jeder Jahreszeit willkommene Besucher an. Auch Bauernmarkttradition hat ihren Platz im Bergischen, etwa der Vieh- und Krammarkt in Waldbröl. Und in der benachbarten Feriengemeinde Reichshof lädt man gar zum kombinierten Pferde- und Heiratsmarkt ein.

The marriages of the von Bergs were never matters of the heart, rather of clever politics. The Crusades and the von Bergs' relationship to the Church did the rest. Five of the von Bergs sat on the Archbishop's throne in Cologne Cathedral. Thus, at the start of the 17th Century, the Earls von berg held a territory which secured their supremacy and great influence in empire and church politics of the region of the Lower Rhine and Westphalia.

So much for the explanation of the name "Bergisch Land".

And the names of the Knights, Earls and Dukes von Berg? In old documents they called themselves "dee monte". "Berg" could also be a shortened form of Bructerer, a germanic tribe who lived in the northern region along the Ruhr River.

So far, so good. More important are the people today. Between Rheinland and Sauerland, Münsterland and Siegerland, the Bergisch people have always been a bit different. They have a tendency to display the cheerfulness of the Rhine people whilst remaining a bit distrustful. They are robust and work with confidence, without much discussion. They prefer to sing, this musically gifted folk between Ruhr and Sieg. Opera and ballet in Wuppertal, Engelbert Humperdinck (the fairy-tale opera "Hänsel and Gretel"), Else Lasker-Schüler, painters such as the Röders or Hans von Marees, and the eternally young Zuccalmaglio. Industrialists, inventors and manufacturers have made great achievements in Bergisch Land: Carl Duisberg, Carl Leverkus, Friedrich Beyer, Carl H.W. Tacke, Wilhelm Conrad Röntgen, Professor Ernst Ferdinand Sauerbruch, Dr. Hubert Tigges, to name but a few.

Between the Ruhr Valley on the one side and the Rhine Ridge on the other, the Bergisch Land is also well known outside the region. The triangle formed by the cities of Remscheid, Solingen and Wuppertal in the Bergisch Land is trying to obtain an international profile in European terms, with emphasis on its regional spezification. The unsurmountable quality of life in the green countryside cannot be emphasized enough. The people of the Bergisch Land have no limits set on their creative imagination; industry and the inventive mind have always contributed to the greatness of the Bergisch cities!

The medieval markets in the picturesque towns of Altstadtwinkel or Burgen, lying dreamily on the peaceful waterside, attract visitors all through the year. There is also a tradition of farm markets in Bergisch Land, such as the livestock and goods market in Waldbröl. In the neighbouring parish of Reichshof the visitor can experience a combined horse and marriage market. The great sport arenas open their gates for the fans, handball in Gummersbach, football or basketball in Leverkusen. There's a bit of skiing to be had up by Reichshof and Müllenbach.

allaient atteindre des sommets dans le Bergische Land!

Dans la lignée des Berg, ce n'était pas le sentiment, mais une habile politique de mariage qui conduisait à l'autel. Par ailleurs, les croisades et les «affaires» avec l'Eglise apportèrent ce qui manquaient: cinq comtes de Berg siégèrent sur le trône épiscopal dans la cathédrale de Cologne. Au tournant du 16e siècle, les seigneurs de Berg possédaient ainsi un territoire qui leur assurait la prépondérance et une influence puissante dans la politique de l'Empire et de l'Eglise pour les régions du Bas-Rhin et de la Westphalie.

Voici l'explication du pays «Bergische Land»; mais d'où vient le nom des comtes et ducs de Berg? Ils se nommaient «de monte» dans leurs plus anciens documents. Peut-être que «Berg» est aussi une altération de Bructère, le nom d'une tribu germanique qui vivait sur la Ruhr, au Nord de la région.

En tous les cas, les hommes d'aujourd'hui sont bien plus importants. Habitant entre la Rhénanie et le Sauerland, le Münsterland et le Siegerland, les citoyens du Bergische Land ont un petit morceau de tous les autres. Ils s'approprient volontiers la bonhomie rhénane, mais restent méfiants. Ils sont solides, autonomes, font leur travail sans discuter longtemps. Mais ils chantent plus que leurs voisins. Les hommes entre la Ruhr et la Sieg sont très musicaux: opéra et ballet à Wuppertal, Engelbert Humperdinck (Opéra Hans et Gretel)...Ils sont aussi très créateurs comme l'écrivain Else Lasker-Schüler, les peintres Röders et Hans von Marees et comme Zuccalmaglio à la jeunesse éternelle. Industriels et inventeurs ont également fait de grandes choses dans le Bergische Land: Carl Duisberg, Carl Leverkus, Friedrich Bayer, Carl H.W. Tacke, Wilhelm Conrad Röntgen, Ernst Ferdinand Sauerbruch et Hubert Tigges, pour ne citer que quelques-uns.

S'étendant entre le Bassin de la Ruhr et le Rhin, la région du Bergische Land est connue au-delà des frontières du pays. Le regard tourné vers l'Europe, les trois villes Remscheid, Solingen et Wuppertal sont en train de se façonner un profil international, tout en conservant leur régionalisme. Il s'agit plus que jamais de faire valoir la qualité de vie exceptionnelle, existant depuis longtemps, dans cette contrée verdoyante. Les habitants du Bergische Land ne connaissent pas de limites quand ils utilisent leur imagination; travailleurs et entreprenants, ils ont depuis toujours apporté la prospérité à leurs villes.

Des places de marché médiévales au coeur de vieilles-villes pittoresques ou des châteaux se mirant dans des eaux paisibles, attirent les visiteurs en toutes saisons. Les foires rurales ont également une longue tradition dans la région; l'une d'elles est la foire aux bestiaux et à la brocante de Waldbröl. Reichshof, une station de villégiature voisine, invite même à une foire combinée aux chevaux et aux mariages!

Große Sportarenen etwa beim Handball in Gummersbach oder in Leverkusen beim Fußball und Basketball öffnen ihre Stadiontore begeisterten Fans. Ein bißchen Skilaufen kann man auf den Höhen bei Reichshofund Müllenbach. Immer einkehren aber kann der Besucher in den gemütlichen Gaststuben eines Bergischen Hauses.
Mitunter ist das Haus auch prächtiger, höher, stattlicher geworden. Mit Schnitzwerk an Türen und Fenstern. Die Treppe vor dem Haus ist mit kunstreich geschmiedetem Gitter eingefaßt. Häufig haben die Häuser, neben kunstvollen Dachkonstruktionen, auch noch den alten Kran, der zum Aufziehen der Waren diente. Als der Schiefer das Bergische Haus in seinen anthrazitgrauen Mantel hüllte, veränderte sich die Gestaltung des Hauses. Das reiche Schnitzwerk entfiel ebenso wie die Ausmalungen. Nur das Holzwerk an Türen, Oberlichtern, Fenstern und Gesimsen blieb der Gestaltung vorbehalten. Hier herrscht dafür dann aber eine solche Formenfülle, daß die Rokokoschnörkel alles belebend und verschönernd bis in die obersten Giebel klettern. Neben der Kunst, mit dem Holz gestalterisch umzugehend, hat auch das Eisen als Werkstoff den künstlerischen Einfällen gedient: Garten- und Hoftore, Wetterfahnen oder Tragbänder an den Türen und Toren wurden reich gestaltet und geschmückt. Will man das Innere solcher Häuser in ihrer ursprünglichen Einrichtung erleben, so ist das leider auf museale Einrichtungen beschränkt. Neben vielen Heimatmuseen verdienen einige besondere Erwähnung: das Bergische Museum auf Schloß Burg, das Schmiedemuseum 'Ölchens Hammer', das Röntgen-Museum in Remscheid und das Urgeschichtliche Museum in Mettmann-Neandertal. Zeugnisse ehemaliger Handwerkskunst kann man im Klingenmuseum von Solingen, dem deutschen Werkzeugmuseum in Remscheid, dem Schloß- und Beschlägemuseum in Velbert oder dem Uhrenmuseum in Wuppertal bestaunen.
Weitere Stationen einer kultur- und kunsthistorischen Pilgerfahrt könnten die Malteser-Komturei in Bergisch Gladbach oder die Schlösser Gimborn (Marienheide), Georghausen (Lindlar), Ehreshoven (Engelskirchen) oder Morsbroich (Leverkusen) sein. Kirchen, Klöster und Kapellen sind großartige Zeugnisse sakraler Baukunst zur Ehre Gottes im Bergischen Land: ob es nun die eindrucksvolle Gotik des Altenberger Domes ist oder die romanische Basilika in Morsbach, die „Bunte Kerke" in Gummersbach-Lieberhausen oder der Wallfahrtsdom in Velbert-Neviges von Dominikus Böhm.
Ganz gleich, ob beim Wandern im Bergischen Land oder an der Bergischen Kaffeetafel, aber auch beim Blättern in diesem Bildband wird sich jeder Einheimische und Besucher immer wieder für das Bergische Land begeistern!

The visitor can always find his way into the cosy parlour of a typical Bergisch house which stands, simple and modest, in its mantle of black slate from which the white-painted window frames shine out splendidly while the green shutters give the whole house a rich homely atmosphere.

Here and there stands a house which is more magnificent, taller, more commanding, with carved doors and windows. The steps in front of the house are bordered in artistically wrought iron. Besides the elaborate roof constructions, these houses often still have the old crane for winching up goods. As slate started to be used to face the Bergisch houses in its anthracite-grey coat, so the design of the house changed. The rich woodcarving disappeared along with the elaborate paintwork. Only the woodwork on doors, windows and mouldings remained available for individual design. This resulted in such a mass of forms that the rococo flourishes climbed upwards, giving life and beauty to even the highest gable. Apart from the artistic manifestations in wood, iron also served as a medium for creative expression: garden and yard gates, weathervanes or door and gate hinges were intricately designed and richly adorned.

If one wishes to experience the interiors of such houses in their original form, one is restricted to museums. Apart from the many local history museums, there are some institutions of particular note: the Bergische Museum in Schloss Burg, the blacksmiths' museum "Ölchens Hammer", the Röntgen Museum in Remscheid and the Museum of Prehistory in Mettman-Neandertal. Examples of early handicrafts can be seen in the Klingenmuseum in Solingen, the German Tool Museum in Remscheid, the Museum of Locks and Metal Fittings in Velbert or the Clock Museum in Wuppertal.

Further stations on a cultural and art-historical pilgrimage could be the Headquarters of the Knights of St. John of Malta in Bergisch-Gladbach, or the castles of Gimborn (Marienheide), Georghausen (Lindlar), Ehreshoven (Engelskirchen) or Morsbroich (Leverkusen). There are many churches , monasteries and chapels which serve as a wonderful testimony to the sacral heritage of the Bergisch Land; be it the impressive gothic cathedral at Altenberg or the romanesque basilica in Morsbach, the "Bunte Kerke" in Gummersbach-Lieberhausen or the Pilgrimage Cathedral in Velbert-Neviges built by Dominikus Böhm.

Whether you are wandering through the Bergisch Land, enjoying a "Bergisch Kaffeetafel" or browsing through this pictorial tour, both natives and visitors will time and again be fascinated by the Bergisch Land!

Les sports jouent également un rôle important. De grands stades accueillent les supporters lors de matchs de handball à Gummersbach, de football ou basket-ball à Leverkusen. On peut même faire un peu de ski sur les hauteurs près de Reichshof et Müllenbach. Et partout, des auberges accueillent les visiteurs dans des maisons du style typique de la région. Elles ont un air de modestie avec leurs murs recouverts d'ardoise sombre rehaussés par l'encadrement blanc des fenêtres et les volets verts qui leur donnent un air chaud et intime.
Certaines demeures sont plus imposantes et plus ornées: elles ont des fenêtres et portes sculptées et des perrons avec des balustrades en fer forgé. Souvent, les maisons possèdent encore de beaux toits décorés et les grues anciennes qui servaient à monter les marchandises. L'aspect des maisons changea quand elles furent habillées de l'ardoise du Bergische Land. Les riches sculptures et peintures des façades disparurent. Les décorations se bornèrent au bois des portes, des fenêtres et des corniches. Mais les enjolivements baroques grimpent jusqu'aux derniers pignons des toits. La ferronnerie d'art est également employée dans l'ornementation des maisons, on la retrouve dans les grilles des jardins et des cours, dans les girouettes, les barres des portes et des portails.
Malheureusement, il faut aujourd'hui aller dans les musées pour voir les intérieurs d'origine de ces maisons. Outre les nombreux musées locaux, quelques endroits intéressants sont le musée du Bergische Land au château Burg, le musée de la ferronnerie «Ölchens Hammer», le musée Röntgen à Remscheid et le musée de la Préhistoire à Mettmann-Neandertal. On peut admirer de l'ancien artisanat d'art au «Klingenmuseum», musée de la Lame à Solingen, au «Werkzeugmuseum», musée des Outils à Remscheid, au «Schloss-und Beschlägemuseum», musée de la Serrurerie à Velbert, ou au «Uhrenmuseum», musée de l'Horlogerie à Wuppertal.
Un circuit culturo-historique pourrait avoir comme autres étapes: la Commanderie des Chevaliers de Malte à Bergisch Gladbach et les châteaux Gimborn à Marienheide, Georghausen à Lindlar, Ehreshoven à Engelskirchen et Morsbroich à Leverkusen. Les églises, cloîtres et chapelles offrent de beaux exemples d'art religieux tels que l'impressionnante église gothique d'Altenberg, la basilique romane de Morsbach, la «Bunte Kerke» à Gummersbach-Lieberhausen et la cathédrale de pèlerinage de Dominikus Böhm à Velbert-Neviges.
Qu'on le découvre en randonnées ou dans les pages de ce livre, qu'on y aille seulement pour savourer son célèbre goûter, le Bergische Land est un coin de terre qui charmera toujours autant ses habitants que ses visiteurs!

In der idyllischen Stadt mit alten bergischen Fachwerkhäusern scheint die Zeit stehengeblieben zu sein. Über den Häusern ragt die mächtige Hochburg auf, deren imposanter Palast unter der Herrschaft Graf Engelbert II., dem später heiliggesprochenen Erzbischof von Köln, entstanden ist. Remscheid selbst nennt sich „die Seestadt auf dem Berge": Die Schätze der Natur, Holz, Eisenerz und Wasserkraft werden von den Remscheidern seit dem 15. Jh. zu hochwertigen Produkten verarbeitet und von großen Handelshäusern nach Übersee verschickt.

Time seems to have stood still in the idyllic city with its old Bergisch half-timbered houses. Above the rooftops stands the mighty stronghold whose palace was built in the reign of Earl Engelbert II, the later canonized Archbishop of Cologne. Remscheid itself is called the "Seaport in the Mountains", for since the 15th Century the people of Remscheid have made high quality products using local wood, iron ore and water power which were sent overseas by the great merchant houses.

Le temps semble s'être arrêté dans la ville idyllique aux anciennes maisons à colombages dominées par le puissant fort dont l'édifice principal fut construit sous le comte Engelbert II, archevêque de Cologne, plus tard sanctifié. Remscheid se nomme «ville du lac sur la montagne». Depuis le 15e siècle, ses habitants utilisent les richesses naturelles, bois, minerai de fer et énergie hydraulique pour la fabrication de produits de haute qualité qui sont vendus dans le monde entier.

Von ihrem Stammsitz aus herrschten die Grafen von Berg fast 250 Jahre lang über ihr Bergisches Land zwischen Ruhr und Sieg. Nach 1218 wird die Burg unter der Herrschaft Graf Engelbert II. zu einer der größten Befestigungsanlagen Westdeutschlands ausgebaut. Das Schloß wird gegen Ende des 30jährigen Krieges weitgehend zerstört, zwar um 1700 teilweise wieder instandgesetzt, um 1850 aber ist die Hofburg nur noch eine Ruine. 1887 wird ein Schloßbauverein gegründet und 1914 ragen die Wehrtürme schon wieder stolz aus den bewaldeten Hügeln.

The Earls von Berg ruled over the Bergisch Land form their ancestral home for almost 250 years. In the time of Earl Engelbert II, after 1218, the castle became one of the largest fortifications in the west of Germany. Towards the end of the Thirty Years War the castle was more or less fully destroyed and although partially rebuilt around 1700, it was nothing but a ruin by 1850. In 1887 an organization dedicated to rebuilding the castle was founded and since 1914 the defensive towers have once more risen proudly above the wooded hills.

Depuis ce château, les comtes de Berg régnèrent près de 250 ans sur le Bergische Land entre la Ruhr et la Sieg. En 1218, le comte Engelbert II en fit une des plus grandes forteresses de l'Ouest de l'Allemagne. Détruit à la fin de la guerre de Trente ans, le château fut en partie reconstruit en 1700, mais n'était plus qu'une ruine vers 1850. Une association fut fondée en 1887 pour le restaurer. Depuis 1914, les tours de guet se dressent de nouveau fièrement dans le paysage de collines boisées.

Die historischen Räume – die anheimelnde Kemenate und Ahnengalerie, die gut ausgestattete Schloßküche, der prunkvolle Rittersaal, die Schloßkapelle und der Bergfried – lassen die damalige Bedeutung dieser Festung erahnen. Dazu zeigen eindrucksvolle Wandgemälde die wichtigsten Ereignisse in der langen Geschichte der Burg und beflügeln die Phantasie der Besucher. Reichhaltige Sammlungen von Gewändern, Möbeln, Schmuck und Hausrat geben Eindrücke vom höfischen Leben; Waffen, vor allem von den Solinger Klingenschmieden, zeugen von den Fehden.

It is possible to judge the original importance of the castle by its historic rooms – the homely Ladies' Bower, the Picture Gallery, the well-equipped kitchens, the splendid Knights' Hall and the citadel. Impressive murals record the most important events in the long history of the castle and fuel the imagination of the visitor. A rich collection of costumes, furniture, jewelry and household articles give an impression of life at court: weapons, particularly those made by the Solingen swordsmiths, bear witness to the times of strife.

L'ancienne importance de la forteresse se révèle dans les salles historiques: les appartements privés, la galerie des ancêtres, les cuisines bien équipées, la fastueuse salle des chevaliers, la chapelle et le donjon. Des fresques impressionnantes racontent les événements capitaux de la longue histoire du château. De riches collections de vêtements, meubles, bijoux et ustensiles de ménage donnent un aperçu de la vie seigneuriale. Des armes, provenant notamment des armuriers de Solingen, témoignent de la vie guerrière.

Die Burg liegt auf Solinger Stadtgebiet, nur wenige 100 Meter von Remscheids Stadtgrenze entfernt. Mit dem Sessellift von der Ortschaft Unterburg oder von den Parkplätzen direkt an der Burg geht es durch den früheren Burghof in den Kern der Befestigungsanlage, einer romanischen Anlage des 12. Jh. mit dem Burghof und früheren Bering. Der Initiative des „Schloßbauvereins Burg an der Wupper" ist es zu verdanken, daß dieses „Nationalheiligtum" des Bergischen Landes seine einstige Pracht wieder neu entfalten kann.

The castle is located within the city of Solingen, only a few hundred metres from Remscheid's city boundary. From the Unterburg chairlift or from the castle parking-area direct, the visitor passes through the outer courtyard into the core of the fortifications, a 12th-century romanesque construction with courtyard and outer bailey. The Society for the Preservation of Schloss Burg on the Wupper is to be thanked that this national monuments of the Bergisch Land can once again be seen in its earlier splendour.

Le château se dresse sur le territoire de Solingen, à 100 mètres de la lisière de la ville de Remscheid. Un télésiège fait la navette entre la localité d'Unterburg et le parking du château. Il traverse la cour extérieure et entre jusqu'au sein de la forteresse, un édifice roman du 12e siècle avec une cour intérieure et un mur d'enceinte. Ce «monument national» du Bergische Land a retrouvé toute sa splendeur d'autrefois grâce à l'initiative de l'Association du château Burg an der Wupper.

Rund um Solingen führt seit 50 Jahren ein Wanderweg, der „Klingenpfad". Eine der Etappen führt von der Haltestelle Häfchen in Widdert nach Aufderhöhe (10 km). Folgt man dem Bachlauf des Weinsberger Bachtales, so erreicht man über Strupsmühle den Wipperkotten. Dieser alte Schleifkotten wurde schon 1605 erwähnt und ist der einzige noch erhaltene Doppelkotten an der Wupper. Kotten bezeichnet hier eine Schleiferwerkstätte, in der mit Hilfe der Wasserkraft gearbeitet wurde.

The "Klingenpfad" a fifty year-old wander path runs around Solingen. One section leads from the Höfchen bus-stop in Widder to Aufderhöhe (10km). If one follows the path of the river in the Weinsberger Bachtal, one reaches the Wipperkotten by way of Strupsmühle. The old waterpowered grinding mill was mentioned as early as 1605 and is the only double grinding-mill remaining on the River Wupper. While the forges remained in the villages, the grinders moved to the banks of the streams and rivers.

Depuis 50 ans, un chemin de randonnée, le «Klingenpfad», entoure Solingen. Une des excursions conduit de la station Höfchen à Widdert à Aufderhöhe (10 km). En suivant le cour du ruisseau du Weinsbergertal, on atteint le Wipperkotten par le lieu-dit Strupsmühle. Ce «Schleiferkotten», signifiant atelier d'émouleur, est déjà mentionné en 1605 et est le seul à double meule existant encore sur la Wupper. L'énergie hydraulique y était utilisée.

Müngstener Brücke
Remscheid, Allee-Center

Ein faszinierendes Stahlmonument ist die Müngstener Brücke, seit 1879 mit 107 Metern die höchste Eisenbahnbrücke Deutschlands, die über die Wupper führt; einstmals wichtige Verbindung zwischen Solingen und Remscheid, und damit bis in die Rheinebene. Trotz des stark industriellen Akzentes ist in Remscheid das Verständnis für Kunst und Wissenschaft, Sport und Landschaft nicht verloren gegangen. Zahlreiche Stätten und ein großstädtisches Angebot zeugen davon, wie sehr sich Remscheid um ein pulsierendes Leben bemüht.

The Müngsten Bridge
Remscheid, Allee-Center

The Müngsten Bridge is a fascinating steel monument dating from 1879. With its 107 metres it is the tallest railway bridge in Germany. Spanning the River Wupper, it was once very important in connecting Solingen and Remscheid. In spite of its strong industrial accent there is still a great understanding for the arts, science, sport and the landscape. Remscheid pulsates with life and offers all the advantages of a big city.

Le pont de Müngsten
Remscheid, Allee-Center

Le pont de Müngsten qui franchit la Wupper à une hauteur de 107 mètres, est un monument d'acier fascinant; il est le plus haut pont de fer d'Allemagne depuis 1807 et jadis, la jonction la plus importante entre Solingen et Remscheid, donc vers la plaine du Rhin. Bien qu'elle soit une ville industrielle, Remscheid accorde une grande part à l'art, à la science, au sport et à la nature. Elle offre une atmosphère animée et culturelle à ses habitants et visiteurs.

Dieses bergische Patrizierhaus zählt zu den schönsten und eindrucksvollsten Architekturen des Bergischen Landes. 1778/79 erbauten die Gebrüder Hilger, wohlhabende Kaufleute aus Remscheid, dieses repräsentative Doppelhaus, dessen Fassade die Stilmerkmale des Rokoko mit den Elementen des traditionellen bergischen Schieferhauses verbindet. Neben einem reich geschnitzten Treppenhaus bildet die typisch bergische Wohnkultur einen Schwerpunkt im Museum.

This Bergisch patrician house can be counted among the most beautiful and impressive pieces of architecture in Bergisch Land. Built in 1778 by the Hilger brothers, wealthy Remscheid merchants, the facade combines rococo characteristics with elements of the traditional Bergisch slate houses. The richly carved staircase and the typical Bergisch interior are the focal points of the museum. The works of the painter Hasenclever and the pewter cabinet are also to be noted.

Cette maison patricienne est un des plus beaux exemples d'architecture du Bergische Land. En 1778/79, les frères Hilger, commerçants prospères de Remscheid, firent bâtir la double demeure dont la façade réunit le baroque au style d'une maison traditionnelle recouverte d'ardoise de la région. Un escalier richement sculpté et des intérieurs typiques du Bergische Land constituent les points forts du musée. Des oeuvres du peintre Hasenclever et une exposition d'objets en étain font partie des collections intéressantes.

Das Kleinod des Bergisches Landes ist – wie viele andere alte Städte auch – im Laufe einer wechselvollen Geschichte wiederholt von Kriegswirren, Seuchen und verheerenden Bränden heimgesucht worden, zuletzt 1746. Nach umfangreichen Sanierungen und Restaurierungen hat Lennep einen eindrucksvollen, historischen Ortskern mit den wesentlichen Zeugen einer mittelalterlichen, runden Stadtanlage. Darinnen sind verschachtelte, altbergische Häuser aus Fachwerk und Schiefer, enge, idyllische Gassen und Hausgärten.

This jewel of the Bergisch Land was – as is the case with many old cities –- subjected over the years to wars, plagues and devestating fires, the last being in 1746. The old part of the town has remained undamaged since then. After extensive reconstruction and restoration, Lennep now has an impressive historic centre, retaining the more important characteristic of a medieval round settlement with its half-timbered and slated old-Bergisch houses, lanes and gardens.

Comme nombre de villes anciennes, ce joyau du Bergische Land a subi les ravages des guerres, épidémies et incendies au cours d'une longue histoire mouvementée. Mais la Vieille-Ville n'a plus jamais été touchée après la dernière destruction, en 1746. Lennep, aujourd'hui restaurée et assainie, présente la physionomie historique d'une ville médiévale entourée d'une enceinte. Intra-muros, on peut voir d'anciennes maisons à colombages et habillées d'ardoise, des venelles idylliques et de jolis jardins.

Im Mittelpunkt des Ortes Beyenburg dominiert die spätgotische Klosterkirche, ein einschiffiger Bau mit dem Chorgestühl der Entstehungszeit (1485) und einem barocken Hochaltar. Die Schwebebahn: 13,3 km ist dieser eiserne Tausendfüßler, sicherstes Verkehrsmittel der Welt, mit dem ganz „Wuppertal schwebt". 1896 begann man den Bau, 1901 war der erste Streckenabschnitt fertiggestellt, 16 Millionen Goldmark kostete das Gesamtwerk. – Die St. Suitbert-, St. Laurentius- und Christuskirche sind die markanten Silhouetten im Stadtbild von Wuppertal.

The late gothic monastic church dominates the town centre of Beyenburg, it is a single nave construction and has choir-stalls dating back to its founding in 1485 and a baroque High Altar. – The suspended Railway: The construction of this iron millipede, the safest method of transport in the world, began in 1896. The first section was completed in 1901, the whole project costing 16 million Goldmarks. The silhouette of Elberfeld is marked by the churches of St. Laurentius, St. Suitbert and the Christchurch.

Le centre de Beyenburg est dominé par l'église de cloître en gothique tardif, à une nef, renfermant des stalles de 1485 et un maître-autel baroque. Sur un trajet de 13,3 km, le «Schwebebahn» ou chemin de fer suspendu offre le moyen de transport le plus sûr du monde dans le ciel de Wuppertal. Commencé en 1896, le premier tronçon du mille-pattes en métal fut terminé en 1901. L'ensemble coûta 16 millions de marks-or. Les églises St Suitbert, St Laurentius et de Jésus-Christ dominent Elberfeld.

BOG

SPARKASSE
MOBEL VOM
BROCKE

Schon 1929 wurden die Orte Barmen, Beyenburg, Cronenberg, Elberfeld, Ronsdorf und Vohwinkel zu der Großstadt Wuppertal zusammengelegt. Elberfeld mit seiner reichen geschichtlichen Vergangenheit liegt in einem engen Tal. Die Stadt klettert die Hügel hinauf, von Schwimmoper und Universität „bekrönt". – Haus Lüntenbeck war ursprünglich der Hof der Äbtissinen von Gerresheim. Die Anlage aus dem späten 17. Jh. gruppiert sich um einen quadratischen Hof. Dem Herrhaus ist ein Eckturm mit laternenbekrönter Schweifhaube vorgesetzt.

In 1929 the towns of Barmen, Beyenberg, Cronenberg, Elberfeld, Ronsdorf and Vohwinkel were merged to create the City of Wuppertal. Elberfeld, with its historically rich past lies in a narrow valley. The town climbs up the hill to be "crowned" by the town hall, Schwimmoper and university. The Lüntenbeck House was originally the court of the Abbesses of Gerresheim. The building, dating from the late 17th Century, is arranged around a square courtyard, the mansion is a square tower crowned with a lantern-adorned dome.

Les communes de Barmen, Beyenburg, Cronenberg, Elberfeld, Ronsdorf et Vohwinkel furent réunies à la ville de Wuppertal en 1929. Elberfeld, au riche passé historique, s'étend dans une vallée étroite. Le faubourg grimpe les flancs d'une colline, couronnée par l'Hôtel de Ville, une grande piscine et l'Université. Le château de Lüntenbeck était la résidence de l'abbesse de Gerresheim. Les édifices du 17e siècle entourent une cour carrée. Une tour d'angle, à la coupole surmontée d'une lanterne, abritait les appartements privés.

Der Ort „Wolverothe" wird im 11. Jahrhundert zum ersten Mal erwähnt. Die ringförmig angeordnete Häuserzeile des schmucken Fachwerks umgibt die dem Hl. Kornelius geweihte Kirche, die seit der Mitte des 16. Jh. für den evangelischen Gottesdienst genutzt wird. Die das Gotteshaus umringenden Fachwerkhäuser stammen aus der Zeit um 1678 und bilden einen fast geschlossenen Wall. Nur enge Durchlässe geben eine Verbindung zu den Straßen außerhalb dieses Stadtkerns frei.

The first mention of Wolveroth (Wülfrath) is in the 11th Century. A row of half-timbered houses is arranged in a circle around the St. Kornelius Church, which has been used for protestant worship since the mid-16th Century. The half-timbered houses around the church date from about 1678 and form an almost solid wall so that the term "town centre" is seldom so applicable as here. Only narrow passageways connect it with the other streets of the town.

La localité de Wülfrath est mentionnée pour la première fois en 1100 sous le nom de «Wolverothe». L'église dédiée à Saint-Cornelius est utilisée pour les offices protestants depuis le milieu du 16e siècle. Elle est entourée de rangées de maisons à colombages construites vers 1678. Ce quartier formant une enceinte pratiquement fermée, peut être réellement décrit comme le «coeur d'une ville». Seules des ruelles étroites le relient au reste de la cité.

Die Idee des Architekten Gottfried Böhm war, daß die Pilger zur Wallfahrtskirche von Neviges unter einem Zelt für eine kurze Zeit im Gebet und in Andacht verweilen sollten. Mit diesem Anliegen wurde 1968 die neue Kirche „Maria, Königin des Friedens" geweiht. Tatsächlich überspannt ein gewaltiges Faltwerkdach die Kirche, unter dem das Gnadenbild, zu dem die Wallfahrten stattfinden, an der Mariensäule zu finden ist. Seit 1681 finden hier Wallfahrten zu einem kleinen, unscheinbaren Bild der Immakulata, der Unbefleckten, statt.

It was the architect Gottfried Böhm's idea that pilgrims to the church of Neviges could rest awhile under a tent in order to pray and comtemplate. The new church of "Maria, Queen of Peace" was consecrated with this idea in mind, and there is in fact a great folding roof spanning the church. Under this roof, mounted on the Maria Column, is the miracle-working image to which the pilgrims have travelled since 1681. This image is a small inconspicuous painting of the Immaculata previously located in the Annakapelle.

L'idée de l'architecte Gottfried Böhm était de construire une tente de prières et de recueillement aux pèlerins se rendant à l'église de Neviges. La nouvelle église de «Marie, Madone de la paix», consacrée en 1968, est bâtie d'après ce concept. Un immense toit en forme de tente protège l'image miraculeuse accrochée à la colonne de Marie. Depuis 1681, on vient en pèlerinage, adorer cette petite peinture modeste de l'Immaculée, qui se trouvait auparavant dans la Chapelle d'Anne.

Die Stammesgrenze zwischen Franken und Sachsen wird 1280 erstmals als Ortschaft am Deilbach genannt. Enge, romantische Gäßchen umschließen mit den kleinen Fachwerkhäuschen auch hier die alte evangelische Kirche, die 1765-69 anstelle der abgebrochenen Ida-Kapelle gebaut wurde. – Im Forum Niederberg von Velbert hat das Deutsche Schloß- und Beschlägemuseum seine Pforten geöffnet und zeigt eine große Sammlung von Schlüsseln, Schlössern und Beschlägen vom 5. Jahrhundert bis heute.

The tribal boundary between the Franks and the Saxons was first marked by a settlement at Deilbach in 1280. Narrow, romantic alleys and small timber-framed houses surround the old protestant church which was built in 1765-69 to replace the previously demolished Ida chapel. The Deutsche Schloss- und Beschlägemuseum is located in the new Velbert Town Hall and exhibits a large collection of keys, locks and metal fittings dating from the 5th Century to the present day. An old locksmith demonstrates a rich craft tradition.

La frontière entre la Franconie et la Saxe est nommée pour la première fois en 1280 comme étant cette localité sur le cours d'eau du Deilbach. Des venelles romantiques, bordées de petites maisons à colombages entourent la vieille église protestante, bâtie en 1765-1769 sur l'emplacement de la chapelle Ida qui fut démolie. – Le musée allemand de la Serrurerie a ouvert ses portes dans le nouvel Hôtel de Ville de Velbert. Il montre une collection importante de clés, serrures et ferrures ainsi qu'une serrurerie traditionnelle.

In den stillen, waldigen Talmulden richteten die Äbte des Klosters Werden ihren Sommersitz ein. Der Name der Siedlung „Abtsküche" bringt dies deutlich zum Ausdruck. – In dem alten Marktort Ratingen liegt der Stammsitz der seit dem 14. Jh. erwähnten Herren von Haus, der seit 1783 im Besitz der Grafen von Spee ist. Die Wasseranlage mit drei Rundtürmen und einem Torturm wurde im 16. Jh. umgestaltet. Von der hinzugefügten Vorburg stehen noch das rundbogige Eingangstor und ein dreigeschossiger Bau mit Treppengiebel.

The Abbots of Werden Monastery built their summer residence in the valley basin, and this is reflected in the name of the settlement "Abtsküche - Abbot's Kitchen". – In the old market town of Ratingen, situated at one of the region's most important crossroads, stands the 14th Century ancestral seat of the Lords of Haus. This moated castle has belonged to the Earls of Spee since 1783. Of the later outer fortifications there remains only the arched entrance gate and a three-storey building with stepped gable.

Les abbés du monastère Werden installèrent leur résidence d'été dans la vallée boisée et paisible du Vogelsangbachtal, ainsi qu'en témoigne le nom de l'agglomération «Abtsküche» (cuisine de l'abbé). – Dans la vieille ville marchande Ratingen située à la croisée des routes de Kaiserswerth - Wuppertal et Cologne - Essen-Westphalie, se dresse la résidence des seigneurs de Haus, lignée mentionnés à partir du 14e siècle. Elle devint la propriété des comtes de Spee en 1783. Le château à trois tours et une tour-porte fut transformé au 16e siècle.

Im Schatten des erhaltenen Turmes der alten katholischen Pfarrkirche St.Nikolaus steht das Haus am Quall, ein zur Hälfte als Fachwerkhaus auf Bruchsteinsockel und zur anderen Hälfte als Bruchsteinhaus errichteter Bau. Gruiten besaß mit der alten Nikolauskirche im 11. Jahrhundert ein Gotteshaus, das mit Düssel, Schöller und Sonnborn zu den frühesten romanischen Kirchen des Bergischen Landes zählte. 1894 wurde sie wegen Baufälligkeit bis auf den dreigeschossigen Westturm abgerissen und bekam nach Osten hin einen Neubau.

The Quall House stands in the shadow of the tower of the old catholic church of St. Nikolaus. One half of the house is half-timbered resting on a quarried stone foundation, the other half being only of quarried stone. The St. Nikolaus Church, dating from the 11th Century was, like Düssel, Schöller and Sonnborn, one of the earliest romanesque churches in the Bergisch Land. The original church was demolished in 1894. Only the three-storey West Tower remained standing when the new church was built slightly to the east.

A l'ombre de la tour conservée de l'église paroissiale catholique St Nicolas, se dresse la maison «Haus am Quall», dont une moitié est construite à colombages sur socle de pierre et l'autre en pierres de taille. L'ancienne église de Gruiten, bâtie au 11e siècle, était un des premiers édifices religieux de style roman de la région, de même que les églises de Düssel, Schöller et Sonnborn. Très délabrée, elle fut démolie en 1894 et remplacée par l'édifice actuel, tourné vers l'Est. La tour ouest à trois étages est le seul élément roman conservé.

Am Eingang zum Neandertal liegt „Haus Brück", das früher „zur Bruggen" hieß und seinen Namen der Gerichtsstätte oberhalb des Rittersitzes verdankt. 1392 wird der Hof Bruege in einer Stiftung Herzog Wilhelms III. von Jülich-Berg erwähnt. Während des Dreißigjährigen Krieges wechseln die Besitzer. 1750 wurde das Haus umgebaut. Heute ist Haus Brück mit Wassergraben und Brücke die einzige erhaltene Wasserburg in der Düsselstadt Erkrath.

At the entrance to the Neander Valley stands the Brück House which used to be called "zur Bruggen" after the law courts above the Knight's Seat. In 1392 Hof Bruege was mentioned in an endowment by Duke William III of Jülich-Berg. The owner changed during the Thirty Years War and the house was rebuilt in 1750. Today the Brück House is the only remaining moated and bridged manor in the Düssel town of Erkrath.

Le château de Brück se dresse à l'entrée de la vallée du Neandertal. La résidence, entourée de douves, raconte une page d'histoire d'Erkrath. Jadis, elle portait le nom de «zur Bruggen» qui était celui d'un lieu de justice au-dessus du château. Le «Hof Bruege» est mentionné pour la première fois dans un acte de fondation de 1392 du duc Wilhelm III de Jülich-Berg. Il changea de propriétaire durant la guerre de Trente ans et fut transformé en 1750.

1856 fanden Arbeiter in einer Höhle eine Hirnschale und Knochen, die Forscher als Reste eines eiszeitlichen Menschen erkannten. Der Fund wird im Rheinischen Landesmuseum in Bonn gezeigt, und er wird in aller Welt als „homo neandertaliensis" = der Neandertaler bezeichnet. Im Neandertal selbst findet der Besucher ein Urgeschichtliches Museum – kurz nach dem Eingang in den Park unterhalb des Bahnhofs, links vom Wanderweg –, das ebenfalls einen Einblick in die Lebensweise und Umwelt der Urmenschen gewährt.

In 1856 workers found skull and bone fragments in a cave which were identified as belonging to an ice-age man. The find was exhibited in the Rheinischen Landesmuseum and is known to the world as "homo neandertaliensis", the Neanderthal. In Neandertal itself there is a Museum of Early History located just past the entrance to the park below the railway station. Here the visitor can achieve an insight into the life and environment of early man.

En 1856, des ouvriers trouvèrent dans une grotte un crâne et des os que les savants identifièrent comme étant les restes d'un homme de l'ère glaciaire. L «homo neandertaliensis», connu dans le monde entier sous le nom d'Homme du Neandertal, est aujourd'hui exposé au musée régional rhénan à Bonn. Dans le Neandertal, le visiteur trouvera un musée préhistorique qui donne un aperçu de la vie et de l'environnement des premiers humains. L'édifice est situé derrière l'entrée du parc, en bas de la gare, à gauche du sentier pédestre.

Erkrath, Wildgehege Neandertal

1935 wurde das Wildgehege vom Naturschutzverein Neandertal angelegt. Die ersten Auerochsen der Neuzeit sind vermutlich aus Berlin und München ins Neandertal gekommen. In den Tiergärten hatte man begonnen, den Auerochsen zurückzuzüchten. Höhlenmalereien, historische Zeichnungen und Knochenfunde gaben ein Bild vom Ur, wie der Auerochse auch genannt wird. Und so kann der Besucher auf der Lichtung im Gehege die Auerochsen, die bis zu drei Meter lang und zwei Meter hoch wachsen können, als Zeugen der Urzeit bewundern.

Neandertal, Aurochs and Bison.

In 1935 the Neandertal Natural Society established a wildlife preserve. The first modern aurochs probably came to Neandertal from the zoos of Berlin and Munich where the initial attempts at back-breeding of the aurochs, a prehistoric bison, had been undertaken. The appearance of the aurochs has been researched from cave paintings, historical drawings and archaeological finds. Visitors can see these creatures grazing in the woody glades much as they would have done in times prehistoric. A fully-grown aurochs can reach a height of two metres and an overall length of three metres.

Vallée du Neandertal

La réserve d'animaux sauvages fut aménagée par la société de la protection de la nature du Neandertal en 1935. Les premiers aurochs de cette époque provenaient des zoos de Berlin et Munich qui avaient commencé à reconstituer leur espèce. Leur apparence était connue grâce à des peintures rupestres de grottes, des dessins historiques et des trouvailles d'os. Aujourd'hui, le visiteur peut voir les aurochs au long pelage dans les clairières de la réserve. Ces animaux de la préhistoire atteignent 3 m. de long et 2 m. de hauteur.

Hilden gehörte zu den Tafelgütern der Erzbischöfe von Köln und wurde 1176 an den Grafen von Berg verpfändet. Ein hübscher Stadtwald mit Heideflächen und Mooren bietet den Bürgern schöne Spazierwege. – Monheim war die wichtigste Zollstätte der Grafen von Berg und wurde schon im 13. Jh. befestigt. Ein schöner klassizistischer Bau ist das Schloß Laach, elfachsig, mit einem dreiachsigen Mittelrisaliten, rustiziert und von einem Fronton bekrönt. Der Eingang ist mit einem Säulenvorbau geschmückt.

Hilden belonged to the Bishops of Cologne and was pledged to the Earls of Berg in 1176. Visitors can enjoy pleasant walks through the pretty woods around the town, its heath and moorland. – Monheim was the most important tax centre of the Earls of Berg and was fortified in the 13th Century. Schloss Lach is a beautiful classical building exhibiting many interesting architectural features.

La localité de Hilden appartenait aux archevêques de Cologne qui la donnèrent en gage aux comtes de Berg en 1176. Ses espaces boisés coupés de prés et de marais, offrent de jolies promenades. – Monheim, le plus important poste de douanes des comtes de Berg, fut fortifiée au 13e siècle. Le château de Laach est un bel édifice de style néoclassique à onze axes, avec une partie centrale en saillie à trois axes et surmonté d'un fronton. L'entrée est décorée d'une avancée à colonnades.

KAUFHOF
city hotel

Die Stadt Leverkusen führt ihren Namen auf die Ultramarinfabrik des Unternehmers Dr. Carl Leverkus vor etwa hundertdreißig Jahren zurück. Durch Zuerwerb trägt das Unternehmen seit 1924 den Namen Bayer. Aber Leverkusen hat auch als Stadt einiges zu bieten. Als Mittelpunkt wurde in der neuen City das Forum mit verschiedenen kulturellen Institutionen geschaffen. In Leverkusen-Wiesdorf liegt der 1912 von Carl Duisberg angeregte Japanische Garten unmittelbar neben dem Bayerhochhaus als malerischer Kontrast.

The City of Leverkusen owes its name to Dr. Carl Leverkus who established an Ultramarine Works here about 130 years ago. The business was taken over by Bayer in 1924 and still bears that name today. Leverkusen has quite a lot to offer. The central point of the new city is the Forum, which contains several cultural institutions. The Japanese Garden, established by Carl Duisberg in 1912, provides a picturesque contrast to the Bayer skyscraper.

La ville de Leverkusen doit son nom à l'industriel Carl Leverkusus qui y transféra une usine de fabrication de peintures, il y a quelque 130 ans. Devenue multinationale, l'entreprise prit le nom de Bayer en 1924. Mais Leverkusen n'est pas seulement synonyme de Bayer; c'est une ville jeune, animée dont le centre est le Forum qui regroupe diverses institutions culturelles. Le Jardin japonais, né en 1912 d'une initiative de Carl Duisberg, se trouve à Leverkusen-Wiesdorf; il offre un contraste frappant avec le gratte-ciel de Bayer.

Ein Museum der Stadt Leverkusen für zeitgenössische Kunst beherbergt heute das Schloß Morsbroich, das seit 1220 mit dem Ritter Udo von Moir nachweisbar ist. 1619 ging das Rittergut an den Deutschorden über und ist seit 1856 im Besitz der Freiherrn von Diergardt. Das Herrenhaus von 1774 wurde 1885 um zwei Fensterachsen und vorspringende Flügelbauten symmetrisch erweitert. Der halbkreisförmige Hof ist von niedrigen, auf altem Grundriß erneuerten Wirtschaftsgebäuden umstanden.

Schloss Morsbroich houses the City of Leverkusen Museum of Contemporary Art. First mentioned in 1220 in connection with the Knight Udo von Moir, the castle came into the posession of the Order of Teutonic Knights. Since 1856 the estate has belonged to the Barons von Diergardt. The Manor House was added to in 1885. The semi-circular courtyard is bordered by domestic buildings built according to the original plan.

Un musée d'art contemporain est aujourd'hui installé dans le château de Morsbroich mentionné en 1220 avec le nom du chevalier Udo de Moir. Propriété de l'Ordre allemand à partir de 1619, il appartient aux barons de Diergardt depuis 1856. La résidence, restaurée en 1774, fut agrandie de deux axes de fenêtres et d'ailes latérales antérieures en 1885. Les bâtiments bas des communs, reconstruits sur les plans d'origine, entourent la cour en demi-cercle.

Das alte bergische Landstädtchen wurde bereits im Jahre 1180 urkundlich erwähnt. Über die Wirren der Jahrhunderte hat sich der Ort seinen reizvollen alten Stadtkern bewahrt. Hier ist die Hauptterrasse der ansteigenden Rheinlandschaft mit Lößboden bedeckt, der eine fruchtbare Grundlage für die Obstgärten rund um die Stadt ist. So ist die Umgebung eigentlich ausgesprochenes Bauernland, das stark kontrastiert mit der Hi-Tech Industrie der Hauptgemeinde Leverkusen.

The old Bergisch county town was mentioned as early as 1180, and despite a tumultuous history has retained its charming town centre. The fertile upper terraces of the Rhine landscape have given rise to extensive orchards around the town. There is a noticeable contrast between the highly arable farmland and the hi-tech industry of Leverkusen.

L'ancienne petite ville de Burscheid fut mentionnée pour la première fois en 1180. Elle a conservé son coeur médiéval à travers des siècles d'histoire mouvementée. De vastes vergers entourent la localité car le sol recouvert de loess des hauteurs rhénanes donne une bonne terre arable. Ce paysage rural offre un contraste étonnant avec l'industrie de haute-technologie de Leverkusen.

Wenn erst einmal die Obstblüte zu einer guten Ernte ausgereift ist, dann macht die „Bergische Obstkammer" ihrem Namen alle Ehre! Eine Fülle an Obst, die im Herbst auf den Märkten Händler und Käufer anzieht. – Haus Vorst liegt malerisch auf einer Bergzunge über der Wupper. Aus dem 14. und 15. Jh. ist noch die Ringmauer mit Portal und Torwächterhaus erhalten. Zu dem mächtigen Bergfried und einem kleinen Rundturm gehört heute ein eingeschossiger Neubau anstelle des ehemaligen Palastes.

When the fruit trees are in bloom and ripen to give a good harvcest, the "Bergisch Fruit Store" fully earns its name. The fertile soil yields masses of fruit which attracts both merchants and buyers to the markets. – The Vorst House stands picturesquely on a mountain tongue above the River Wupper. The outer wall, with its portal and gatehouse dates from the 14th Century. Next to the mighty citadel and a small round tower stands a modern one-storey building in place of the original palace.

Quand les arbres fruitiers en fleurs donnent plus tard une récolte abondante, la région fait alors honneur à son surnom de «fruiterie du Bergische Land». Le château de Vorst se dresse, pittoresque, sur une crête rocheuse au-dessus de la Wupper. Il possède encore son mur d'enceinte avec portail et tours de guet des 14e et 15e siècles, un puissant donjon et une petite tour ronde. Un bâtiment nouveau à un étage a remplacé le bâtiment principal d'autrefois.

Odenthal-Altenberg, Dom

In der Gemeinde Odenthal liegt der „Bergische Dom", die Kirche des ehemaligen Zisterzienserklosters. 1259 wurde der Grundstein zu der neuen Klosterkirche, dem heutigen Altenberger Dom, von den aus Frankreich gekommenen Mönchen gelegt. 1379 wurde das Gotteshaus vollendet. Bis 1803 beeinflußte das Kloster nachhaltig die Entwicklung des Landes. Nach dem Verfall von Kloster und Kirche durch die Säkularisation wurde mit Unterstützung des preußischen Kronprinzen Friedrich das Gotteshaus wieder aufgebaut und 1847 im Beisein des Königs eingeweiht.

Odenthal-Altenberg, Cathedral

The "Bergisch Dom" is situated in the parish of Odenthal and is the church of the original Cistercian Monastery. The foundation stone of the church was laid in 1259, the building being completed in 1379. The influence of the monastery on the development of the state lasted until 1813. Secularization led to the ruin of church and monastery until the Church was rebuilt with the support of the Prussian Crown-Prince Friedrich. The church was consecrated in the presence of the King in 1847.

Odenthal, Eglise d'Altenberg

Le «Dom du Bergische Land», église d'une ancienne abbaye de Cisterciens, se dresse dans la localité d'Odenthal. En 1259, des moines venus de France posèrent la première pierre de l'édifice qui fut terminé en 1379. L'abbaye joua un rôle important dans le développement de la région jusqu'en 1803. Le cloître et l'église tombèrent en ruines après la sécularisation des biens du clergé, mais furent reconstruits grâce à l'aide de Frédéric, prince héritier de Prusse, et consacrés en 1847 en présence du roi.

Im ausgedehnten Teil des Königsforstes ist der Wald- und Wildreichtum des Bergischen Landes offenkundig. Auf einer Höhe liegt das Schloß Bensberg auf einem sich gegen die Rheinebene erstreckenden Bergrücken, der sich schon früh für eine Burganlage anbot: als frühgermanische Fliehburg, als Burg der Grafen von Berg und als Jagdschloß des Kurfürsten Jan Wellem. – Mit einer hübschen Fachwerkkapelle schmückt sich Hellenthal auf den waldreichen Höhen des Bergischen Landes am Ostrand des Königsforstes.

The richness of woodland and game in the Bergisch Land is particularly noticeable in the extensive Königsforst. Rising above a ridge facing the plains of the Rhine stands Schloss Benberg, the location being fortified from earliest times, as an early germanic refuge, a castle of the Earls von Berg and as hunting lodge of the Elector Jan Willem. – At the eastern edge of the royal forest, in the woody hills of the Bergisch Land stands the pretty half-timbered Barbara Chapel in Hellenthal.

On peut découvrir la richesse forestière et giboyeuse du Bergische Land dans la vaste forêt de Königsforst. Le château de Bensberg se dresse sur une des croupes rocheuses s'avançant sur la plaine du Rhin; une situation idéale où s'élevèrent autrefois d'autres forts, d'abord un refuge des Germains, puis un château des comtes de Berg et plus tard une résidence de chasse du prince-électeur Jan Wellem. Une jolie chapelle à colombages décore Hellenthal située sur les hauteurs boisées du Bergische Land à la lisière est de la forêt du Königsforst.

Gasthof zur Brücke
VELTINS
VELTINS
30
Anlieger frei

Rösrath-Hoffnungsthal Siegburg

Im südlichen Teil des Rheinisch-Bergischen Kreises liegt Rösrath. Anstelle der ehemaligen Augustiner-Klosterkirche, die 1691-1708 errichtet wurde, ist wegen Baufälligkeit 1903-08 eine neue Kirche über dem alten Sockel aufgeführt worden. Im Inneren eine sehenswerte alte Ausstattung. – Kreisstadt des Rhein-Sieg-Kreises ist Siegburg. Die Stadt wurde 1182 erstmals erwähnt. Burgartig liegt das Benediktiner Kloster (1064 gegründet) auf dem Michaelsberg; an seinem Fuße findet man die Pfarrkirche St. Servatius von 1169.

Rösrath-Hoffnungsthal Siegburg

Rösrath is situated in the southern part of the Rheinisch-Bergisch country. On the site of the original Augustinian monastery, built between 1691 and 1708, stands the new church which was erected from 1903-08. The old furnishings in the interior are well worth seeing. – Siegburg ist the county town of Rhein-Sieg County, and was first mentioned in 1182. The castle-like Benedictine monastery was founded on the Michaelsberg in 1064; below it stands the parish church of St. Servatius, dating from 1169.

Rösrath-Hoffnungsthal Siegburg

Rösrath s'étend dans la partie sud de l'arrondissement rhénan-bergisch. En 1903-09, une nouvelle église fut construite sur les fondations de l'ancienne église délabrée d'un cloître des Augustines qui avait été érigée de 1691 à 1708. L'édifice possède un intérieur ancien admirable. Le chef-lieu de l'arrondissement Rhein-Sieg est Siegburg qui reçut son droit de ville en 1182. La puissante abbaye bénédictine, fondée en 1064, couronne le Michaelsberg; à ses pieds se trouve l'église paroissiale Saint-Servatius datant de 1169.

1954 bis 1958 wurde dieser Stausee angelegt, um den Rhein-Sieg-Kreis und Bonn mit Trinkwasser zu versorgen. Verständlich, daß deshalb jede Art von Wassersport streng verboten ist. Der Wahnbach und der Wendbach sind die Hauptzuläufe, die die Talsperre füllen. Der nördlichste Ausläufer des Stausees ist das Wahnbachtal, nahe der Bundesstraße 507. Beim Ausbau der Wahnbachtalstraße 1928 haben bedeutende Fossilfunde den Ort bekannt gemacht; hier wurden die ältesten Landpflanzen Deutschlands entdeckt: Taeniocrada, Drepanophycus.

This reservoir was created between 1954 and 1958 for the purpose of providing Bonn and the Rhein-Sieg County with drinking water. It is therefore understandable that all forms of watersport are forbidden. The reservoir is fed by the Wahnbach and Wendbach rivers. The northern exit of the reservoir is the Wahnbach valley near Federal Highway 507. The area became famous as a large quantity of fossils came to light during the construction of the Wahnbachtal Road in 1928, and it is here that the oldest country plants in Germany were found, Taeniocrada and Drepanophycus.

Ce lac artificiel fut aménagé de 1954 à 1958 afin d'alimenter en eau potable l'arrondissement de Rhein-Sieg et Bonn. De ce fait, il est strictement interdit d'y pratiquer des sports nautiques. Le Wahnbach et le Wendbach sont les deux principaux cours d'eau alimentant le barrage. La vallée du Wahnbach, près de la route nationale 507, forme la rive nord du lac. Lors de la construction de la route, en 1928, on trouva de nombreux fossiles, dont les plus vieilles plantes d'Allemagne: les taeniocrades et les drepanophycus.

Das war einmal eines der kleinsten Städtchen Europas, bevor es mit anderen Ortschaften zur Großgemeinde Hennef kam. 1180 gründeten die Herren von Sayn in Blankenberg eine Burg, die seit dem Dreißigjährigen Krieg als imposante Ruine hoch über dem steil abfallenden Südufer der Sieg den Besucher an alte Ritterzeiten erinnert. In der romantischen Herbststimmung kann man sich mit der entsprechenden Lektüre sehr schön in diese ereignisreiche Zeit zurückversetzen und den „Geist des Ortes" verspüren!

This was one of the smallest towns in Europe until it was merged with others to form the Greater Parish of Hennef. In 1180 the Lords of Sayn built a castle in Blankenburg. Since the Thirty Years War it has stood as an impressive ruin high above the steep southern bank of the River Sieg, conjuring up memories of knights of old. Sit down with a suitable book on an autumn evening and let yourself be transported back to those exciting times.

Ce fut une des plus petites villes d'Europe avant de former la grande commune de Hennef avec d'autres localités. En 1180, les seigneurs de Sayn fondèrent un château-fort à Blankenberg. Détruit durant la guerre de Trente ans, l'imposant édifice en ruine se dresse sur le versant sud abrupt de la Sieg. Il forme un décor romantique qui transporte les visiteurs à l'époque mouvementée des chevaliers. A l'automne notamment, quand l'atmosphère est empreinte de mélancolie, on peut sentir le souffle de «l'esprit du lieu».

Der Ort war ursprünglich ein Königshof, bis 895 ein Hofgut dessen Kirche dem Bonner Kassiusstift geschenkt wurde. Auch hier mußte die alte Kirche wegen Baufälligkeit einer neuen weichen (1879), die als neoromanische Bruchstein-Basilika errichtet wurde. In die neue Doppelturmfassade wurde der viergeschossige Westturm des romanischen Vorgängerbaues einbezogen und sogar noch um ein Geschoß erhöht. Der wahrhaft kolossale zweitürmige Bau wird daher gern „Siegtal-Dom" genannt.

This was originally a royal estate until the manor estate and church were given to the Kassius Foundation in Bonn in 895. In 1879 a new church replaced the then ruinous original building. It is built in the neoromanesque style as a basilica of quarried stone. The Twin-towered facade incorporates the west tower of the original romanesque church. The building is so impressive that it is often called the "Siegtal Cathedral."

La localité était à l'origine une résidence royale, un domaine royal jusqu'en 895 dont l'église fut offerte à l'évêché de Bonn. Ici aussi, l'ancienne église délabrée a dû céder la place à une basilique, construite en style néo-roman en 1879. La tour ouest à quatre étages de l'édifice roman fut intégrée dans la nouvelle façade et même surélevée d'un étage. L'édifice colossal, flanqué de deux tours est appelé le «Dom de la vallée de la Sieg».

Diese besonders schöne Landschaft erreicht man über die „Sieg-Bröl-Route", wenn man ab Rosbach dem windungsreichen Lauf der Sieg folgt. Ab Hoppengarten kann man in dieser reizvollen Flußlandschaft – nördlich vom Nutscheid, südlich vom „Windecker Ländchen" begrenzt – bis Eitorf, Hennef fahren. Zahlreiche Nebenstrecken laden ebenfalls zu einer stimmungsvollen Fahrt ein: nördlich nach Ruppichteroth oder Waldbröl, südlich um den Leuscheid entlang der B 8 nach Weyerbusch bis Oberpleis.

This particularly beautiful area of the countryside can be reached by taking the "Sieg-Bröl-Route", where one follows the path of the Sieg as it winds on from Rosbach. This delightful river-landscape starts at Hoppengarten. It is bordered to the north by Nutscheid and to the south by the "Windecker Ländchen", and can be followed to Eitorf and Hennef. One can branch off to make atmospheric trips, northwards to Ruppichterot or Waldbröl, southwards by way of the Leuscheid along the B8 to Weyerbusch and Oberpleis.

On atteint cette contrée particulièrement attrayante par la «Sieg-Bröl-Route», en suivant le cours sinueux de la Sieg à partir de Rosbach. Le joli paysage au bord de l'eau que l'on peut suivre jusqu'à Eitorf et Hennef, commence à Hoppengarten. Il est limité au Nord par Nutscheid, au Sud par le «Windecke Ländchen». De nombreuses petites routes offrent également des trajets agréables: au Nord, vers Ruppichteroth ou Waldbröl, au Sud, autour du Leuscheid, le long de la B 8, vers Weyerbusch et Oberpleis.

Während die Grenzburg gegen die Sachsen aus fränkischer Zeit, Alt-Windeck, heute völlig verschwunden ist, kann man die Reste der gotischen Hauptburg von Neu-Windeck aus dem 15. Jahrhundert in Augenschein nehmen. Hier im „Windecker Ländchen" steigen zu beiden Seiten der Sieg die bewaldeten Hänge bis in ca. 380 Meter Höhe an. Im Süden grenzt das „Windecker Ländchen" an den Westerwald, im Norden an das Bergische Land. Typisch für diese Region sind die stark gewundenen Flußschleifen der Sieg.

The original border castle of franconian times, Alt-Windeck, has long since disappeared, but the remains of the 15th Century castle of Neu-Windeck can still be seen. Here in the "Windecker Ländchen" the wooded cliffs rise up to a height of 380 metres above the River Sieg. The "Windecker Ländchen" belongs to the territory of Bergisch Land and is bordered to the south by the Westerwald forest. The serpentine loops of the River Sieg and the endless woods are typical of this landscape.

Alt-Windeck, ancienne fortification frontalière franque, bâtie comme protection contre les Saxons, a entièrement disparu; par contre, on peut encore voir les vestiges du fort gothique de Neu-Windeck datant du 15e siècle. Ici, au «Windecker Ländchen», les versants boisés de la Sieg s'élèvent jusqu'à 380 mètres. Cette contrée touche le Westerwald au Sud, le Bergische Land au Nord, mais a historiquement toujours été «bergisch». La Sieg très sinueuse, les espaces intinis forment son paysage typique.

 Morsbach, Blick zum Nutscheid / Morsbach, View towards Nutscheid / Morsbach, vue sur Nutscheid

Den Ort Morsbach umgeben schöne, weite Wälder. Der Nutscheid gehört zu den letzten größeren Waldgebieten, die geschlossen im Bergischen Land vorzufinden sind. Am Nordhang des Nutscheid zum Bröltal liegt ein Heide-Hangmoor. Englischer Ginster, Beinbrech, Glockenheide und der Lungenenzian haben hier in ihrer Verbreitung die östlichste Grenze! Insgesamt haben wir auch die Ostgrenze des Bergischen Landes erreicht. Hier begegnet uns ein besonderer kultureller Leckerbissen: die „Bonten Kerken" mit ihrer mittelalterlichen bäuerlichen Kirchenmalerei.

Morsbach is surrounded by beautiful, extensive woodland. The Nutscheid is one of the last large areas of forest still to be found intact in the Bergisch Land. We have now reached the eastern edge of the Bergisch Land, and it is here that we find a very special cultural delicacy, the "Bonten Kerken", medieval rustic church paintings.

De belles forêts entourent la commune de Morsbach. Le Nutscheid est l'un des derniers grands espaces boisés d'un seul tenant du Bergische Land. Des landes et marais s'étendent sur le versant nord du Nutscheid vers la vallée du Bröltal. Les genêts, nartheciums, campanules et gentianes colorent son côté est. Nous avons maintenant atteint la frontière orientale du Bergische Land avec ses joyaux culturels: les «Bonten Kerken», des églises médiévales décorées de peintures religieuses naïves.

Drei Burgen in nächster Umgebung von Morsbach heben die frühere Bedeutung hervor: die Wildenburg (1239), Schloß Krottorf (16. Jh.) und die Wasserburg Volperhausen (1515). Bei der Erkundung stößt man unversehens auf die Landesgrenze von Rheinland-Pfalz. Morsbach selber hat seinen historischen Bestand seit 895 fast unversehrt über die kommunalen Reformen retten können und ist ein Refugium für sich geblieben.

Three castles near Morsbach bear witness to its earlier importance, Wildenburg (1239), Schloss Krottorf (16th Cent.) and Schloss Volpershausen (1515). Morsbach itself dates from 895 and has survived dommunal reforms to maintain its individual character.

Trois châteaux dans les environs témoignent de l'ancienne importance de Morsbach: Wildenburg (1239), Krottorf (16e s.) et Volperhausen (1515). On se trouve à la frontière du Land Rhénanie-Palatinat. Mais Morsbach échappa aux réformes communales et a pratiquement conservé ses limites historiques depuis 895.

Ein hübsches kleines neugotisches Kirchlein ist die Pfarrkirche St. Antonius in Denklingen. 1886 wurde dieser einschiffige Bau mit Chor und einem schlanken sechsseitigen Westturm von Heinrich Wiethanse errichtet. Unweit liegt malerisch am Dorfweiher die Rentel mit Mühle und Kapelle. Zur Gemeinde Reichshof gehört der Ortsteil Eckenhagen. Bei Eckenhagen waren Silber-, Blei- und Eisenvorkommen von Bedeutung. Die Wandlung vom Bergbau zum ländlichen Kurort vollzog sich nach Stillegung der Erzgruben im 19. Jahrhundert.

The parish church of St. Antonius in Denklingen is a pretty little neogothic church built by Heinrich Wiethase in 1886. It has a single nave and a slender six-sided west tower. Near the picturesque village pond we can find the Estate Office with its mill and chapel. – Eckenhagen belongs to the parish of Reichshof near the Sauerland border. The town's earlier importance was due to the silver, lead and iron ore deposits. After the mines were closed in the 19th Century, Eckenhagen became a rural Spa.

L'église paroissiale Saint-Antoine à Ecklingen est un joli petit édifice de style néo-gothique, à une nef avec choeur et une longue tour ouest hexagonale, construite par Heinrich Wiethase en 1886. A proximité, le moulin et la chapelle offrent un tableau romantique sur les bords de l'étang du village. – La localité d'Eckenhagen appartenant à la commune de Reichshof, est située à la frontière du Sauerland. Après la fermeture de ses mines d'argent, de plomb et de fer au 19e s., elle est devenue une station climatique.

Nümbrecht war als Herrschaft Homburg, entstanden im 13./14. Jh., ein ärmlicher Zwergstaat mit wenig Landwirtschaft und etwas Bergbau. Im Erholungswald „Lindchen", oberhalb des Kurparks, ist der Aussichtsturm zu finden, der diesen Blick über die Wälder freigibt. – Als ehemaliger Hauptort der reichsunmittelbaren saynschen Herrschaft Homburg wird die ev. Kirche 1131 schon früh erwähnt. Die dreischiffige Stufenhalle ist im 16./17. Jh. aus dem Umbau einer romanischen Pfeilerbasilika entstanden. Der fünfgeschossige Westturm stammt noch aus dieser Zeit.

Nümbrecht originated in the 13th/14th Century as the Lordship of Homburg. In those days it was a poor midget state with little agriculture and some mining. The observation tower is to be found in the "Lindchen" recreational woods above the spa park and provides this view across the woods. The church was mentioned as early as 1131. The three-naved stepped hall resulted from the alterations to the romanesque pillared basilica in the 16th and 17th Century. The five-storeyed West Tower also dates from this period.

Nümbrecht appartenait au Homburg où régnait les seigneurs de Sayn, un petit Etat pauvre créé aux 13/14e siècles, vivant d'un peu d'agriculture et de quelques mines. La tour panoramique d'où s'offre une belle vue sur les vastes espaces boisés se dresse dans la forêt du «Lindchen» située au-dessus du parc. L'église protestante était déjà mentionnée en 1131. L'intérieur à trois nefs, datant des 16e/17e siècles, provient de la transformation d'une basilique romane. La tour ouest à cinq étages date également de cette époque.

Schloß Homburg ist des öfteren Treffpunkt der politischen Prominenz unserer Tage. Hat man mit dem Nachbau der kaiserlichen Postkutsche das Schloß, als Burg 1276 erstmals erwähnt, erreicht, dann kann man hier das Museum des Oberbergischen Kreises aufsuchen. In der Nähe klappert noch eine Mühle. – Wiehl wird ab 1152 von den Rittern „von Wyle" als Vogtei verwaltet. Im Ort steht die flachgedeckte klassizistische Kirche von 1841-43 aus Bruchstein, der nur der fünfgeschossige Westturm vom romanischen Vorgängerbau aus dem Anfang des 13. Jh. blieb.

Nowadays Schloss Homburg is often a meeting place for political prominence. The visitor can ride up to the castle in the reproduction imperial post-coach and visit the Oberbergisch County Museum. The rattling of a nearby mill can be heard. – Wiehl was administered by the Knights von Wyle from 1152. The flat-roofed quarried stone church dates from 1841-43. Only the five-storeyed West Tower remains of the original early 13th Century romanesque church.

Aujourd'hui, les grands noms de la politique se rencontrent au château de Homburg. La copie d'une diligence impériale conduit à la résidence mentionnée pour la première fois en 1276, où se trouve le musée de l'«Oberbergische Kreis». Un moulin tourne encore aux environs. Les chevaliers «von Wyle» administraient la prévôté de Wiehl en 1152. L'église en pierres de taille au toit plat a été construite dans le style néo-classique en 1841-1843. Elle n'a conservé que la tour ouest de l'édifice précédent du 13e siècle.

Nahe der Kreisgrenze steht mit dem Tor zum barocken Wasserschloß Ehreshoven das wirkliche „Tor zum Oberbergischen Land". Das Schloß von 1355 war seit 1399 Sitz des Grafen von Nesselrode. Die letzte Erbin stiftete 1919 das Haus dem Rheinischen Ritteradel. In Lindlar empfangen uns die Straßen mit schönen altbergischen Fachwerkhäusern. – In der Umgebung dieses ältesten Ortes im Bergischen Land (1109 urkundlich erwähnt) befinden sich besonders viele Wegekreuze und Kapellen, wie diese Lucia-Kapelle zu Ehren der Heiligen, die als Lichtträgerin verehrt wird.

Near the county border stands the real "gateway to the Bergisch Land", the gateway to the moated baroque Schloss Ehreshoven. Built in 1355, the Schloss was the seat of the Earls von Nesselrode from 1399 until the last heiress donated the house to the Rhine Knights. – In Lindlar we find streets of beautiful old Bergisch half-timbered houses. This is one of the oldest (mentioned 1109) towns in the Bergisch Land and is surrounded by a great number of roadside crosses and chapels such as this chapel honouring St. Lucia (the lantern carrier).

Près de la frontière de la contrée, la véritable «porte du Bergische Land» est celle du château baroque d'Ehrenshoven datant de 1355. Il fut la résidence des comtes de Nesselrode dès 1399. En 1919, la dernière héritière en fit la donation à l'association des Chevaliers rhénans. – Les rues de Lindlar sont bordées de jolies maisons à colombages. Les alentours d'une des plus anciennes localités du Bergische Land (mentionnée en 1109), abritent de nombreux chemins de croix et chapelles dont la chapelle Lucie, dédiée à la patronne de la lumière.

Das Schloß wurde seit 1951 einer sinnvollen Nutzung zugeführt: ein Nobelhotel. Die zweiteilige Wasseranlage aus dem Anfang des 18. Jh. weist ein Herrenhaus und eine dreiflügelige Vorburg auf; dazu Wirtschaftstrakte und eine Tordurchfahrt. – Gummersbach ist heute ein Verkehrsmittelpunkt im oberbergischen Land. Die Stadt hat eine wechselvolle Geschichte hinter sich, bis sie 1815 an Preußen fiel und erst 1857 Stadtrechte erhielt. In Stadtmitte liegt der „Oberbergische Dom", eine sehr sehenswerte romanische Basilika aus dem 11. Jh. mit spätromanischem Taufstein.

Since 1951 the castle has been used as an elegant hotel. This two-part construction dating from the early 18th Century it consists of a manor house and a three-winged citadel with its domestic tract and a gatetower. Gummersbach is one of the most important traffic junctions in the Upper Bergisch Land. The city had a chequered history until it was taken by Prussia and received its charter in 1857. In the centre of town stands the "Oberbergiche Dom". This cathedral, a romanesque basilica dating from the 11th Century, is well worth seeing, as is its late romanesque baptismal font.

Le château est devenu un hôtel de luxe en 1951. Les doubles douves du début du 18e siècle entourent la résidence principale et un ensemble de trois ailes. Un portail majestueux et des communs complètent le complexe. Gummersbach est aujourd'hui une plaque-tournante de communications dans le haut Bergische Land. La ville eut une histoire mouvementée jusqu'à ce qu'elle devienne prussienne en 1815 et acquière son droit de cité en 1857. Sa basilique romane du 11e s. renferme des fonts baptismaux de style roman tardif.

Gummersbach-Lieberhausen Bergneustadt-Wiedenest

„Bonte Kerke", der besondere kulturelle Leckerbissen in dieser Gegend! Kirchen mit mittelalterlichen bäulerichen Kirchenmalereien, so wie hier in Lieberhausen. Zudem ist noch der Kanzel-Altar des 17. Jh. mit dem kleinen Orgelprospekt darüber bemerkenswert. Hier in Wiedenest gibt es auch noch das strahlende schwarzweißgrüne Fachwerk des Pfarrhofes, der eigentlich aus drei schönen Fachwerkhäusern des 18. Jh. besteht.

Gummersbach-Lieberhausen, Bergneustadt-Wiedenest

"Bonte Kerken" are the special cultural delicacies of the region, churches with medieval rustic church paintings such as here in Lieberhausen. Of note is also the Chance. Altar dating from the 17th Century with its small organ prospect above. Here in Wiedenest there is the additional treat of the brilliant black-white-green timbering of the parsonage, which is actually comprised of three 18th Century half-timbered houses.

Gummersbach-Lieberhausen Bergneustadt-Wiedenest

Les «Bonte Kerken», joyaux culturels de cette contrée, sont des églises renfermant des peintures de style naïf du moyen-âge, telle celle de Lieberhausen qui abrite en outre une belle chaire d'autel du 17e s. surmontée d'un orgue. Wiedenest renferme également un très beau presbytère à pans de bois peints en noir, blanc et vert, qui est en fait la réunion de trois maisons datant du 18e siècle.

Die Aggertalsperre in der nächsten Umgebung von Bergneustadt erschließt dem Wassersportler Freizeitmöglichkeiten, während die kristallklaren Spiegel der Genkeltalsperre, umschlossen von einer herrlichen Waldlandschaft, nicht zugänglich sind. Sie dient ausschließlich der Trinkwasserversorgung. Auf dem Unnenberg erreicht das Schiefergebirge mit 506 Metern einen seiner höchsten Punkte im Bergischen Land mit einer lohnenden Fernsicht vom Aussichtsturm.

The Aggertal Dam near Bergneustadt offers recreational facilities for the water-sportsman, while the crystal clear waters of the Gerketal Reservoir, surrounded by a delightful wooded landscape are restricted, since the reservoir serves purely as a supply of drinking water. The Unneberg, with its 506 metres, is one of the highest points along the slate mountain range in Bergisch Land and offers a rewarding view from its observation tower.

Le barrage de l'Aggertal, situé près de Bergneusstadt, est ouvert au public et aux amateurs de sports nautiques tandis que l'accès au barrage de la Genkel leur est interdit. Le lac à la surface de cristal, entouré d'un admirable paysage boisé, est exclusivement un réservoir pour l'alimentation en eau potable. L'Unnenberg, haut de 506 mètres, est le sommet le plus élevé des montagnes schisteuses du Bergische Land. Sa tour panoramique offre une vue infinie sur la région.

Die Einwohner der Gemeinde Marienheide verteilen sich auf mehrere kleine Orte. Einer davon ist Gimborn, dessen viertürmiges Schloß eingebettet ist in ein idyllisches Waldtal der oberen Leppe. Unter dessen Hauptturm entspringt eine Quelle . Die ehemalige Wasseranlage stammt aus dem 17./18. Jh. Das älteste oberbergische Bauernhaus ist in Dahl zu besichtigen. Nach der letzten Besitzerin wird es auch „Haus Schenk", sonst „Haus Dahl" genannt. Es wurde 1586 erbaut und ist ein Niederdeutsches Hallenhaus, das Vieh, Wagen und Handwerkszeug in der großen Deele aufnahm.

The parish of Marienheide is made up of several small villages. One of these is Gimborn, where a four-towered castle is set in an idyllic wooded valley on the Upper Leppe. Under the main tower is the source of a spring. The earlier moated manor dates form the 17th/18th Cenutry. – The oldest Oberbergisch farmhouse can be seen in Dahl. Apart from being called the Dahl House, it is also known as the Schenk House, after the last owner. It was built in 1586 as a typical low-german hall house, which also housed animals, waggons and craft-tools.

La population de la commune de Marienheide se disperse dans plusieurs hameaux. L'un d'eux est Gimborn dont le château à quatre tours se niche dans un vallon boisé idyllique de la Leppe supérieure. Une source jaillit sous la tour principale de l'édifice entouré de douves, datant des 17e et 18e siècles. – Dahl possède la plus vieille ferme du haut Bergische Land (1586), appelée «Haus Schenk» du nom de sa dernière propriétaire ou «Haus Dahl». Le vaste hall d'entrée abritait le bétail, les voitures et les instruments agricoles.

Sommerlandschaft an der Brucher Talsperre / Summer Landscape at the Brucher Dam / Paysage d'été au barrage de la Bruch

Zu der großen „Talsperrenlandschaft" im Bergischen Land gehört auch die Brucher Talsperre. Das Wasserreservoir von 46 ha wurde 1911-1914 als Nutzwassertalsperre geschaffen. Zwischen Marienheide und Gummersbach, an der B 256 ist der Brucher See zu finden, der eine Stauhöhe von 20 Metern hat. Reizvolle Campingplätze liegen am See. Von Ostern bis September kann man baden, Tret- und Ruderboote leihen, Segeln und Surfen. Ein Ausflug lohnt sich, denn schöne Wege und der Aussichtsturm Brucher sind lockende Ziele.

The Brucher Dam between Gummersbach and Marienheide belongs to the dam landscape of the Bergisch Land. There are delightful camping sites along the lakeside and from Easter to autumn one can swim, hire rowing or paddleboats, sail and surf. There are many opportunities for exciting rambles and the observation tower is worth a visit.

Un des plus beaux «paysages de barrages» du Bergische Land est celui du barrage de la Bruch qui s'élève entre Gummersbach et Marienheide. Des terrains de camping agréables s'étendent sur les rives du lac. De Pâques à l'automne, on peut se baigner, louer des pédalos et barques, surfer ou faire de la voile. L'endroit offre également de jolies promenades dont l'une conduit à la tour panoramique de Bruch. Il mérite vraiment une excursion!

Der Ältesten Stadt des Bergischen Landes, Wipperfürth, wurden 1217 von Engelbert II. die Stadtrechte verliehen. Die ehemals so verkehrsgünstige Lage an der alten Heerstraße wurde nach der Erfindung der Dampfeisenbahn bedeutungslos. Heute ist Wipperfürth ein stilles, beschauliches Landstädtchen mit hübschem Stadtkern. Hier wird plötzlich aus der Wipper eine Wupper, nämlich an der früheren Furt durch die Wipper, einer seichten Stelle im Fluß bei Leiersmühle. Keine Angst, der Besucher benutzt eine moderne Brücke! Die Stadt liegt an der bekannten „Bergischen Route".

Wipperfürth, given its charter by Engelbert II in 1217, is the oldest town in the Bergisch Land. Whilst it was once very important due to its position on the old army highway, the Heerstrasse, it lost its significance with the coming of steam. Nowadays Wipperfürth is a quiet, peaceful country town with a pretty center. It is here that the Wipper becomes the Wupper at the location of the earlier ford at Leiersmühle. The town lies along the famous "Bergischen Route".

En 1217, Engelbert II accorda son droit de cité à Wipperfürth, la plus ancienne ville du Bergische Land. La ville qui était autrefois bien située sur l'ancienne route des armées, perdit son importance avec la naissance du chemin de fer à vapeur. Elle est aujourd'hui une petite communauté rurale paisible dotée d'un joli centre. C'est ici que la Wipper devient soudain la Wupper, à l'endroit d'un gué près de Leiersmühle. Toutefois, on ne traverse plus aujourd'hui la rivière à pied, mais sur un pont moderne.

Der Stammsitz der Grafen von Hückeswagen (1189), ein im Kern mittelalterliche Zweiflügelanlage aus Bruchstein, dient heute als Rathaus und Heimatmuseum. In der Altstadt steht eine große Zahl von unverfälschten bergischen Schieferhäusern unter Denkmalschutz. – Reizvoller Kontrast: das Rokoko-Gartenhäuschen in Radevormwald. Der verschieferte Pavillon ist das letzte erhaltene Beispiel seiner Art im Bergischen Land. Gleich nebenan die ev. ref. Kirche von 1804. Sonst bietet der auf freier Anhöhe gelegene Ort noch schöne zweigeschossige bergische Fachwerkbauten.

The ancestral seat of the Earls of Hückeswagen (1189). The nucleus is a medieval two-winged structure built of quarried stone and today serves as Town Hall and local history museum. In the old part of the town there are a large number of original Bergisch slate houses which are listed historic buildings. – An exciting contrast is the rococo summer house in Radevormwald. This slate-faced pavillion is the last remaining one of its kind in the Bergisch Land. Next door we find the Evangelical Reform Church of 1804.

La résidence des comtes de Hückeswagen (1189) est un ensemble de deux ailes au noyau médiéval. Elle abrite aujourd'hui la mairie et le musée régional. Dans la Vieille-Ville, un grand nombre de maisons d'époque, recouvertes d'ardoise dans le style du pays, sont sous la protection des monuments. Un contraste intéressant: le pavillon de jardin baroque à Radevormwald, une localité pittoresque bâtie sur une colline. Le petit édifice habillé d'ardoise est le dernier en son genre dans le Bergische Land. A proximité, se dresse l'église protestante de 1804.

Bever Talsperre in Herbstabendstimmung / Bever Talsperre on an autumn evening / Le barrage de la Bever à l'automne

Die Bevertalsperre wurde erbaut von 1896 - 1898. Von 1935-1938 wurde ein neuer Staudamm gebaut und die Talsperre damit wesentlich vergrößert. Anstelle der alten Schwergewichtsmauer wurde ein Erddamm aufgeschüttet von 520 Meter Länge und 33 Meter Höhe. Die größte Breite an der Dammsohle beträgt 165 Meter; auf der Dammkrone nur noch 7 Meter. Sie ist heute mit einem Stauinhalt von 23,7 Mill. cbm die zweitgrößte Talsperre des Wuppergebietes. Die Talsperre lädt zu Wassersport und zum Wandern ein.

The original Bever storage dam was built from 1896-98. A new dam was constructed between 19935-38, thereby greatly increasing the storage capacity. Instead of the old heavy construction dam, an earth construction 520 metres long and 33 metres high was used. The thickest part of the dam base is 165 metres, whereas the top of the dam is a mere 7 metres wide. With its volume of 23.7 million cubic metres, it is one of the largest reservoirs in the Wupper region, and is a favourite for water-sports enthusiasts and ramblers.

Le Barrage de la Bever, érigé de 1896 à 1898, a été énormément agrandi après la construction d'un nouveau mur de retenue entre 1935-1938. Un barrage en remblai de 520 mètres de long et 33 mètres de haut remplaça l'ancien mur massif. Avec une largeur maximum de 165 mètres à sa base, le mur n'a plus que 7 mètres de large à son faîte. Le barrage qui retient 23,7 millions de mètres cubes, est un des plus grands de la région de la Wupper. Il est un but d'excursion apprécié des amateurs de sports nautiques et des randonneurs.

ISBN 3-921268-89-3

3. Auflage 1996

Redaktion und Layout: Horst Ziethen
Exklusiv-Fotografie u. redakt. Beratung: Holger Klaes

Text: Ferdy Fischer

Englische Übersetzung: Alistair A. Tarwid
Französische Übersetzung: France Varry

Karten-Vorsatz: Landesvermessungsamt NRW
Karten-Nachsatz: Mappa Mundi, Friedrich Emmelmann

Gesamtherstellung:
ZIETHEN-FARBDRUCKMEDIEN GmbH
D-50999 Köln · Unter Buschweg 17

Printed in Germany

Septentrion
Occident
Midy
COMTÉ DE MEURS
ARCHEVESCHÉ DE COLOGNE
IULIERS
DUYSBURG
ORDINGEN
LINN
KEISERSWERT
RATINGEN
DUSSELDORP
NEUSS
ZONS
GREVENBROICH
CASTER
BEDBURG
BERGEM
LECHNICH
LUMMERSUM
HEYMERTSEN
BONNE
KONINGSWINTER
MULHEIM
COLLN
COLOGNE
BRUYLL
SIEGBERG
BLANCKENBERG
SOLINGEN
ELVERVELDT
HATTINGEN
HARDENBERG
KETWICH
WERDEN
ESSEN
BRECKERFELD
HOCKESWAGE
LENNEP
Das Land Berg
Eschelle
Mille Pas Geometriques ou Milles d'Italie
Lieues Communes d'Allemagne
Grandes Lieues d'Allemagnes
Lieues Communes de France
Grandes Lieues de France, ou d'une heure de Chemin
Remarques
Abbaye
Chasteau